IKKO

IKKO流 美のゴールデンルール

脱・コンプレックス

コンプレックスから逃げないで

——苦しいときはいつも、逆転の発想がすべてよ

この本を手にとってくださった皆さんに心より感謝申し上げます。
まず、『脱・コンプレックス』を書こうと思ったきっかけをお話ししますね。
私、小さい頃は天真爛漫だったように思います。それが物心ついてから姉たちと違う自分に気づき、
気持ち悪い、オカマと陰口をたたかれ、好きな人に好きと言えず…
コンプレックスだらけの人生で、自分が嫌いで仕方ありませんでした。
親元を離れ、美容師として働くようになってから徐々に
こんな私を愛してくれる人なんていない、愛されるわけがない、
だから、コンプレックスから目を背けるのはやめて
自分で自分を愛することから始めよう、と思うようになりました。
コンプレックスやいろいろなトラウマに立ち向かうことはとても苦しいけれど
勇気を持って見つめ直してみたら
その中で自分が何をしなくてはならないか、見えてきたのです。
それでも20代の頃は甘かったです。使われる立場だったから。
30代で経営者になって、良くも悪くも自分、
自分に自分で責任をとらなければ人生に向上はない、

リング／スカヴィア本店、バッグ／スワロフスキー・ジャパン、ソファ「チェスター」／IDC大塚家具 ポルトローナ・フラウ日本橋

と身にしみて経験するうちに決心しました。
「くさいものに蓋をする人生をやめよう」
逃げていても何の解決にもならないから。
今ではコンプレックスそのものが
私の人生だと受け止めています。
ファッションにしても
メイクにしても
存在そのものにしても
コンプレックスがあったから努力した、
そして今では生まれ変わってもＩＫＫＯでいたい、
そう思えるようになりました。
まだまだ人生のコンプレックスを
一つひとつ解決している最中ですが、
私の人生の中に、少しでも
皆さんの参考になることがあれば幸いです。

愛を込めて　ＩＫＫＯ

脱・コンプレックス

Contents

第4章

第5章

― 第1章 ―

美しく見せるのは工夫次第

ファッションは MY LIFE！

オンナに生まれて、お洒落を楽しまなくてどうするの！
ファッションは時代の流れを映す鏡のようなもの。
その流れに自分を合わせて進化する。
私の人生、もっと素敵に生きていきたいから。

IKKO Fashion

人生を謳歌するお洒落、それがIKKO主義

薄いピンクベージュに黒いレースがあしらわれたウンガロのドレスは、女性らしさを強調するマーメイドライン。イヤリング／スワロフスキー・ジャパン

ウンガロのバギーパンツでマニッシュに。オーガンジーのブラウス／タダシインターナショナル、リング／スカヴィア本店、イヤリング／スワロフスキー・ジャパン、ソファ「チェスター」／IDC大塚家具 ポルトローナ・フラウ日本橋

シルクサテンのランバンのドレスはブルーが新鮮。リング／スカヴィア本店、イヤリングとブレスレット／スワロフスキー・ジャパン

ドレープが特徴的な
レモンイエローのミ
ニドレスにミュウミ
ュウのヒールで軽快
に。ミニドレス／ド
レスキャンプ

ドットのようなグッチのゴルフボール柄のシャツに巻きスカート、マルニの靴のスタイル。リングとクラッチ／スワロフスキー・ジャパン

エミリオ・プッチの
ミニドレスはワンシ
ョルダーが今年風。
イヤリング／スワロ
フスキー・ジャパン

私にとってお洒落は人生

横浜の美容室を退店してヘアメイクになった20代後半、表参道を堂々と歩けない自分に気がついて、とてもショックでした。

DCブランド全盛期、東京の中でも表参道は特別にファッショナブルで、歩いている人たちがみんな輝いて見えました。それまで私は周囲からお洒落と言われていたし、自分なりに気を遣っていたはずなのに…。

これじゃいけない！

それからの10年間は、当時先端だったコムデギャルソンとヨウジヤマモトのショップに足しげく通って、ヘアメイクという仕事に合ったファッション＝黒のお洒落を追求しました。

そして40代、美容家としてテレビにも出るようになってからは、色使いを楽しむお洒落をしよう、一流のものをもっともっと着よう！と心に決めました。セレブの気持ちが分かるオンナになりたい、極上を知ってこそ皆さんに美の幸せのお話ができる、と思ったからです。そのための投資は惜しまずに生きよう。投資の中から、どんな素材がスタイルをよく見せるのか、どういう縫製が美しいドレープを生むのか、毛皮は？極上の質感とは？など、ファッションの美しさを徹底的に研究しました。そうやってＩＫＫＯらしさを築いているところです。

ファッションは、「あなたの名刺」です。

「私はこういう人よ」という人となりを表すもの、あなたの人生そのものをファッションが物語ることもあるのです。だから、年齢や体型のコンプレックスにとらわれないで、素敵なあなた自身を纏《まと》ってくださいね。

極上のしなやかさ。ロイヤル チエのマーテンの毛皮／ロイヤル チエ サンローゼ赤坂店、イヤリングとリング／スカヴィア本店、撮影協力／バックグラウンズファクトリー

ジュエリーは オンナの美のエキス

心が晴れないとき、なんとなく迷いがあるとき、私、今くすんでるかなってとき、ジュエリーを身につけると心にエネルギーがチャージされる気がします。

がむしゃらに仕事をしていた30代の頃、ヴァンクリーフ&アーペルのダイヤモンドの指輪やカルティエのヴィンテージ　ジュエリーウォッチを、背伸びして手に入れました。現実のファッションとしては、フォーマルでもない限り全部ゴージャスだと嫌みなので、クリスタルの大ぶりのものやイミテーションではずしを楽しむけれど、本物の宝飾品を持っているという心の余裕は私にパワーをくれるのです。

最近は色石が人気ですが、私にとってやっぱりダイヤモンドは特別。ブルガリなどの一流宝飾ブランドには百数十年も続いた定番デザインがあり、時代がどんなに変わっても、それに翻弄されない絶対的な輝きを放っています。普遍的な美しさこそ本物のジュエリーならではの魅力です。そんな楽しみが味わえるのも女の特権！　時には背伸びも大切なんじゃないかしら。

行きつけのサロン&クリニック その❶

オリジナルの温パックで
心身ともにポッカポカよ

TIRAVI（ティラヴィー）

お気に入りは、オリジナルの「デトックス葉緑素温湿布」。この温湿布をのせてマッサージしてもらうと、体の芯からポカポカ温まって、まるで温泉に入っているみたいに、い〜い気持ち。血行を促進して老廃物を排出するから、新幹線や飛行機の長時間移動でむくんだ足もすっきりするの〜。

DATA

●東京都渋谷区恵比寿西1-7-1 エビス加藤ビル4階 ☎03-5489-3955（要予約） ㊔11:00〜22:00（最終受付20:00） 無休（臨時休業の場合あり） ●料金：例／デトックス葉緑素温湿布＆オイルマッサージ30分（手・足・頭皮マッサージ付き）¥21,000 など

ティラヴィーはホスピタリティも素晴らしくて、サロンにいるだけでふーっと癒されちゃうから不思議。トリートメントは、女性オーナー・峰順子先生のゴッドハンドでうっとり♡

理想のレッグラインは
世界レベルのコスメと手技で!

サロン ド ラ・プレリー

レッグラインが気になり出したら、ここへ。さすが世界に誇るスキンケアブランド、ラ・プレリー。製品は自宅でも愛用中だけど、やっぱりプロの手で丹念にトリートメントしてもらうと仕上がりが断然違うの！ 負担をかけないよう優しく角質もケアしてくれるから、お肌はピカピカ。ホテルの中っていう立地も、ゆったりくつろげていいわよね。

DATA

●東京都中央区日本橋蛎殻町2-1-1 ロイヤルパークホテル5階 ☎03-3669-2467 ㊔11:00〜20:00 土日祝10:00〜20:00 最終受付18:30 無休 ●料金：例／セルラーボディトリートメント（90分）¥29,400 など

心地よい香りで
深〜いリラックス状態へ

フレグラントアース スパ

忙しい毎日だからこそ、たまには心にも体にも休息が必要よね。ここは、そんなときにぴったりのサロン。質の高いエッセンシャルオイルが、過敏になった神経やお肌に、深い安らぎを与えてくれるの。香りの力ってすごいわ〜。

DATA

●東京都港区南青山6-6-20 K's南青山ビル2階 ☎03-5766-6114 ㊔12:00〜21:00 土日祝11:00〜20:00 最終受付2時間前 無休 ●料金：例／ATオリジナルアロマトリートメント¥18,900、スタンダードスラヴィックコース¥23,100（ともに135分・施術90分）、レッグ&ハンドリフレ¥13,650（135分・施術75分） など

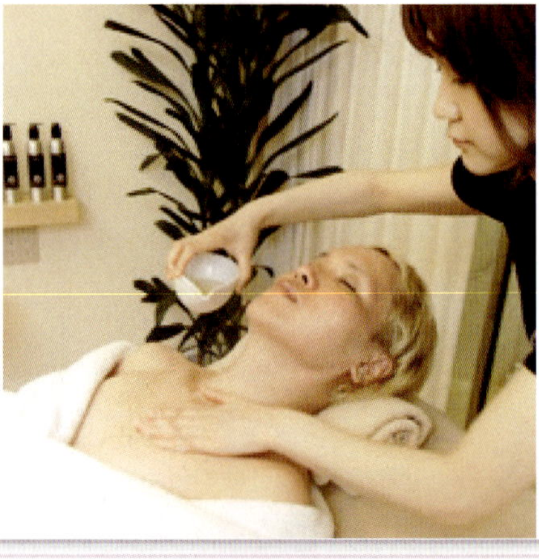

― 第2章 ―

コンプレックスから始まった私のメイク理論

メイクは
オンナの魔法

なりたい自分になることができる、そんな魔法がメイクです。
それってオンナの特権!　メイクを磨けば、あなたの中に眠っていた
新たな魅力が引き出されることだってあるんです。
難しく考えずに、いつもより手間をかけるだけでも違うのよ。

IKKOの作り方

すっぴんからメイクのHow toまですべてお見せします！

私も皆さんの前に出るまでにはさまざまな準備をしています。どうやって私が『IKKO』になっていくのか興味があるでしょ？　ちょっとお恥ずかしいけど、すっぴんから『IKKOができるまで』を大公開しちゃいます！　もちろん使えるメイクテクも満載よ。

step 1 洗顔 Face Wash

洗顔は“たっぷりの泡”と“デコルテまで”が基本

私にとっての洗顔は「顔＋デコルテまで」洗うこと。デコルテまでを顔だと考えてケアをしています。洗うときは摩擦でお肌に負担がかからないよう、たっぷりの泡をクッションにしてね。

★使用アイテム★

ローヤルゼリー配合の泡状洗顔料。女王《おとめ》乳肌洗顔　100mℓ　￥3,150／下鳥養蜂園

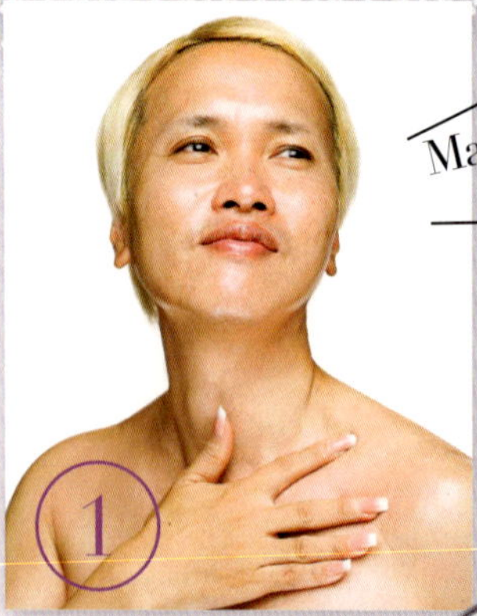

Massage Start!

プラチナが配合された高機能クリーム。クリームP.Tレア 50mℓ　￥157,500／ラ・プレリー

クリームなどを手のひらで温めたら、顔とデコルテ全体に伸ばし、鎖骨を指で挟むようにして外側から内側に向けてなぞります。

★使用アイテム★

次のステップの前に…

Extra Care

IKKO流マッサージ

私にとってこのマッサージは自分の肌と向き合い「キレイになるわよ！」という意識を高めてくれる大切な時間。皆さんも時間のあるときはぜひ取り入れてみて！

2

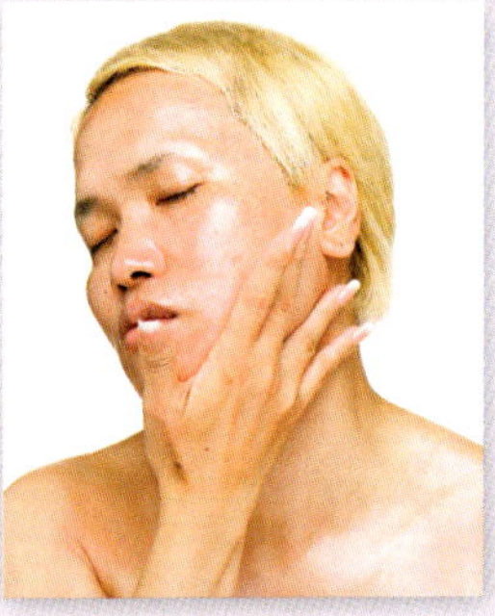

耳の後ろのくぼみ→首筋→鎖骨の順になでおろすようにさすったあと、指で挟むようにして、えらからあご先に向けてさすります。

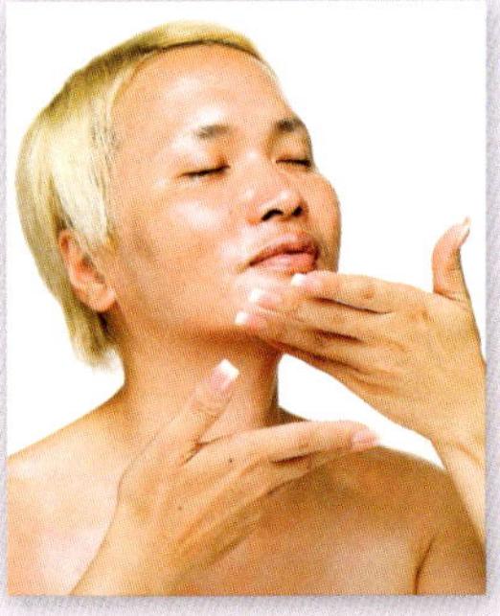

3

左右鎖骨の中央からあごの裏に向けて、指先で優しくなで上げます。

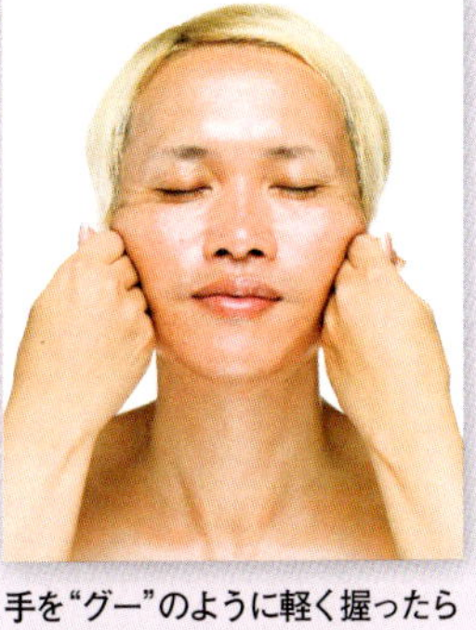

4

手を“グー”のように軽く握ったら頬に置き、耳に向かって押し上げるように少し力を入れます。

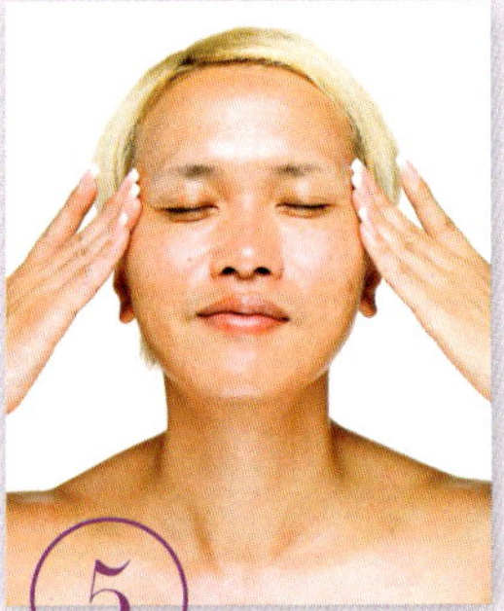

5

指先を頬骨あたりに置き、こめかみに向けて引き上げるようにしてさすります。

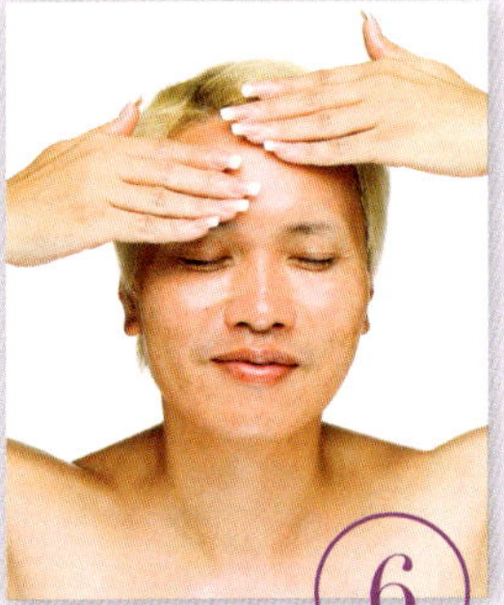

6

力が均一に入るように指の腹全体を使いながら、おでこを下から上に優しくなで上げます。

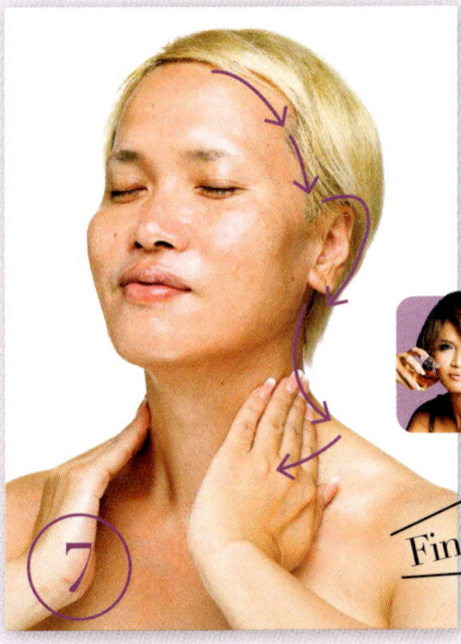

7

最後に、おでこのてっぺん→こめかみ→耳の後ろ→首筋→鎖骨の順に、指を優しくすべらせるようにしてリンパの流れを促します。

「気持ちいい」と感じる程度の力加減が大切よ〜!

step 2 マスク
Mask

私は贅沢に
2セット使い
しちゃうわよ〜!

化粧ノリ抜群の肌に仕上げるこのひと手間

リフティング効果のあるマスクを引き上げるようにして肌にフィットさせ、表示の時間の通りに置いて肌になじませます。

メリハリ肌へと仕上げる3D設計マスク。SK-Ⅱ スキン シグネチャー 3D リディファイニング マスク 1セット(上用1枚、下用1枚)×6袋 ¥14,175(編集部調べ)／マックス ファクター

★使用アイテム★

※写真上のIKKOさん使用分は旧製品。
現行は写真左のものです。

step 3 保湿
Skin Care

1 水分をたっぷり与えて潤いを感じさせる肌に

化粧水を手のひらにとったら顔とデコルテ全体に伸ばし、水分を肌内部まで押し込むように優しくハンドプレスしながらなじませていきます。

じっくりと浸透して、内側からふっくらとハリのある肌に。タン マジュール ローション 200mℓ ¥11,550／イヴ・サンローラン・ボーテ

★使用アイテム★

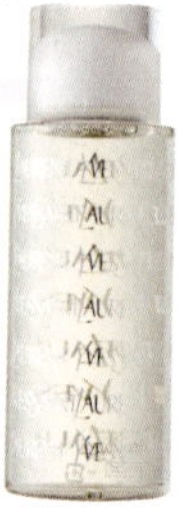

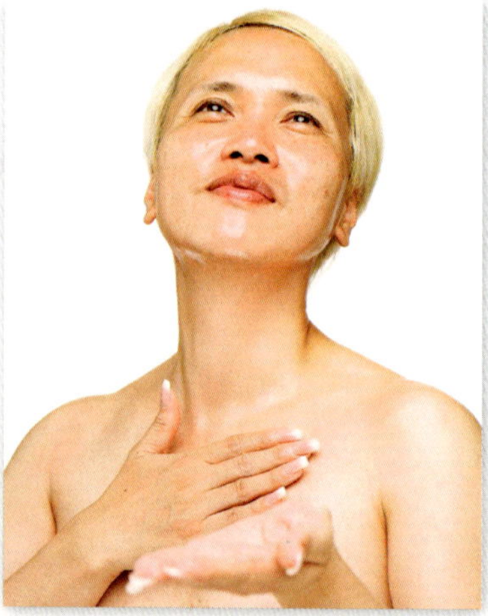

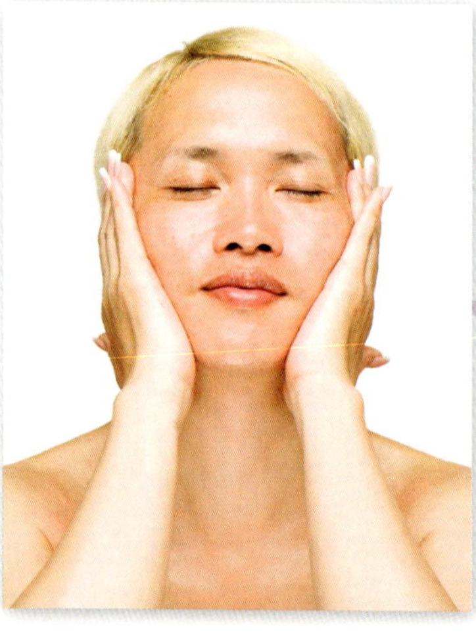

★使用アイテム★

2 水分キープ! デイケアこそ丁寧に

乳液を手のひらにとったら、1と同様に顔とデコルテに伸ばします。優しく包みこむように肌全体になじませましょう。

さまざまな外的ダメージから肌を守り、潤いと若々しさを感じさせる肌へと導く日中用乳液。オールデイ オールイヤー 50mℓ ¥38,325／シスレージャパン

step 4 ベースメイク

Base Make

1 お道具は“手のひら”一気に塗り込むベースカラー

肌の色より少し濃い色のスティックファンデーションを手のひらにとったら、手のひらどうしをすり合わせます。そのまま手のひらを使って顔とデコルテ全体にムラなく塗り込みましょう。

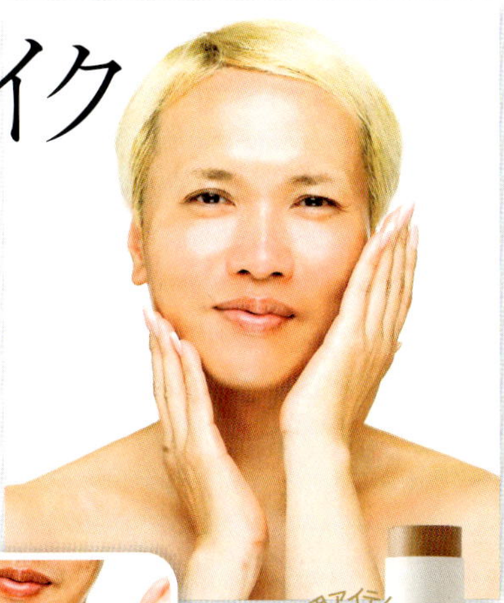

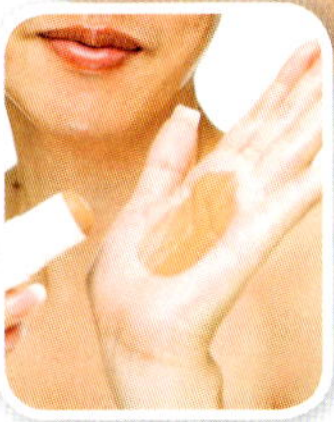

★使用アイテム★

透明感とカバー力の両立でより自然な仕上がりに。スティックファンデーション D-2 ¥2,100／三善

2 仕上がりに差がつくスポンジテクニック

１で塗ったベースカラーを、カバー力が欲しい頬はたたき込むように、薄付きでよいおでこ部分は滑らすようにしてスポンジでなじませます。

3 リキッドファンデはブラシを使ってムラしらず!

リキッドファンデーションを自分の肌色に合わせて数種類器にとって混ぜ合わせます。ファンデーションブラシを使って顔全体にムラなくのせたら、２と同様にスポンジでなじませます。

★使用アイテム★

プロのメイクさん御用達のリキッドファンデーション。左から、マイクロナイズ エアブラシ フォーミュラ NW35、NC30 各¥4,830（※M･A･C表参道ヒルズ店限定発売）／M･A･C

★使用アイテム★

4 リキッドコンシーラーでくすみのない肌に

肌の色よりも明るい色のリキッドコンシーラーを上下まぶた・鼻すじ・あご先にのせたら、スポンジで軽くたたくようにしてなじませます。

肌にしっかりと密着し、立体感と輝きをもたらすオールマイティーなアイテム。ラディアント タッチ 2 ¥5,985／イヴ・サンローラン・ボーテ

5 輝きのパウダーで肌に透明感をプラス

パフにルースパウダーをしっかりと含ませたら、肌を軽く押さえるようにしてなじませます。

★使用アイテム★

ナチュラルマットなスムース肌を実現するパウダー。M·A·C プレップ プライム トランスペアレント フィニッシング パウダー ¥3,780／M·A·C

毛穴レススキンの完成！

6 ブラシで仕上げる計算された"自然な肌"

肌よりも少し濃い色のパウダリーファンデーションをブラシにとって顔の側面やえらなどのローライトゾーンになじませたら、次に少し明るい色を別のブラシにとり、TゾーンやCゾーンなどのハイライトゾーンにふんわりとのせます。

★使用アイテム★

左から、柔らかくしなやかな肌に。ライトフル ウルトラチャージ ファンデーション SPF25 NC42 ¥5,460／M·A·C、内側から輝く上品な肌に。パリュール クリスタル パール パウダリー ファンデーションSPF20／PA++ No.03 ¥8,190／ゲラン

7 健康的な血色を実現！チークの2色使い

オレンジ系のチークカラーをブラシにとって縦方向にふんわりと大きく入れたら、その上からピンク系を頬骨を中心にして中央に丸く入れます。

★使用アイテム★

左から、なめらかな伸びと優れた発色。パウダーブラッシュ メルバ ￥3,150、フィット感抜群で自然な仕上がり。シアトーンブラッシュ ピーチ ￥3,150／M·A·C

肌にとけ込むような微粒子が明るさと透明感を演出。ル・プリズム 81 ￥6,300／パルファム ジバンシイ

★使用アイテム★

8 ハイライトカラーで立体感をより演出

ハイライトパウダーをブラシに含ませたら、上下まぶた・鼻すじ・あご先にふんわりとのせます。

step 5 アイブロウ Eyebrow

1 美眉に仕上げる2ステップ

アイブロウペンシルでアウトラインを描いたら、アイブロウパウダーを平筆にとってアウトラインをぼかすようにして眉全体を描きます。

★使用アイテム★

左から、濃淡も自在に表現できる極細芯のペンシル。スリム アイブロウ BR25 ￥3,990／エレガンス コスメティックス、深みと立体感のある色味でアイブロウにも。スモール アイシャドウ ソバ ￥2,415／M·A·C

★使用アイテム★

2 眉マスカラで“あか抜け顔”に変身！

眉用マスカラで眉毛の流れを整えて立体感を出しながら、眉毛の色調を上げます。

超微粒子のゴールドパールでより立体感のある眉に。ドロール ドゥ スシル ＃21 ￥1,680／ブルジョワ

point!
少しの手間が
“イマドキ” 眉を
作るのよ~!

step 6 アイメイク
Eye make

1 ジェルライナーで作る“黒目がち”な視線

筆にジェルライナーをとって、目頭から目尻に向けて上まぶたの際にアウトラインを引いたら、そのまま筆でアウトラインを二重の幅の2／3くらいまでぼかし込んでいきます。

★使用アイテム★

なめらかな描き心地とにじみにくさが見事に両立。フルイッドライン ブラックトラック ¥2,520／M·A·C

★使用アイテム★

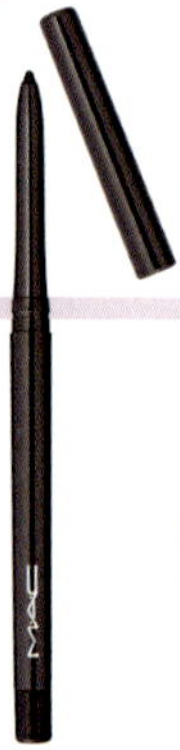

2 ぐるりと囲んで“目ヂカラ”アップ！

まつ毛の根元と根元の間を埋めるようにペンシルアイライナーで上下にぐるりとラインを引いていきます。下のラインは目頭を細く、目尻に向かって太くなるように引きましょう。

鮮やかかつ繊細な表現を可能にする繰り出し式ペンシルアイライナー。テクナコール グラフブラック ¥2,520／M·A·C

3 シャドウで深みを感じさせる印象的な目もとに

ベージュゴールドのアイシャドウを筆にとってアイホール全体になじませます。次にブラウンカーキを1のラインをぼかすようにして重ね、同色を下まぶたにもライン的に入れていきます。

左から、サテンのような質感で上品な目もとに。スモール アイシャドウ ゴールドビット¥2,415／M·A·C、深みのある色味でセクシーな目線を演出。メタリック アイシャドウ 06 ¥3,360／ボビイ ブラウン

★使用アイテム★

★使用アイテム★

4 仕上げのリキッドで“まつ毛の影”を表現

まつ毛の根元と根元をつなげていくように、リキッドアイライナーで上下まぶたの際にラインを引いていきます。「まつ毛の影」を描くつもりで引けば、より深みのある目もとに。

まるでタトゥーのように落ちない・にじまないリキッドアイライナー。K-パレット リアルラスティングアイライナー 24h WP ￥1,260／クオレ

5 つけまつ毛を際立たせるビューラー&マスカラテク

★使用アイテム★

つけまつ毛となじませるためまつ毛をカールしすぎないよう注意してビューラーで上げたら、まつ毛の根元にしっかりとマスカラを塗ります。

球形のブラシ毛で1本残らず長いまつ毛に。フェノメン・アイズ 1 ￥4,410／パルファム ジバンシイ

★使用アイテム★

6 つけまつ毛は“デカ目”の最強ツール

ピンセットにつけまつ毛をとったら根元にグルーをつけて軽く乾かし、まつ毛の際につけてスライドさせるようにして位置を調整します。

水や汗に強い、細筆タイプのつけまつ毛用グルー。D.U.P アイラッシュ フィクサー EX 552 ￥945／ディー・アップ

左右を
比較してみて!

目ヂカラ3倍!
アイメイクの完成!

片方のアイメイクが完成したけど、どうかしら？　目ヂカラがぐ〜んとアップしたのがよ〜くわかるでしょ。メイクの力ってすごいって思わな〜い!?

IKKO流 つけまつ毛の㊙テク

つけまつ毛にグルーを塗ったら、1〜7まで数えて「ふ〜」っと息を吹きかけます。そのタイミングがつけるのにベストな乾き具合よ！

step 7 リップ Lip

プルプルリップ♥
の完成!

ボリューム感で魅せる セクシーなヌーディリップ

リップ用美容液で唇をケアしたら、リップライナーでオーバーリップ気味にアウトラインをとります。口紅でアウトラインの内側を塗りつぶしたら、グロスをたっぷりと重ねて完成です。

A 艶やかで健やかな唇へ導く。バーム コンフォール ¥7,140／シスレージャパン、B 唇を思いのままの形に。リップ ペンシル サブカルチャー ¥2,100／M・A・C、C ピュアな発色でキュートな唇に。ルージュ アンリミテッド PK 343 ¥3,150／シュウ ウエムラ、D 眩く輝く豊かな口もとに。グロス・アンテルディ 01 ¥3,675／パルファム ジバンシイ

コンプレックスから始まった

私の“メイク道”

アイテム別、色彩別に並べられたコスメ。作品撮影時の圧巻風景。

横浜の美容院に住み込みで入った当初、ぶきっちょな私はカットやアップが他の新人よりも下手で、落ちこぼれでした。それが悔しくてたまらず、寝る間も惜しんで練習しました。姉の家に遊びに行ったときも、手にハサミを持ったまま寝ている私を見て、姉は怖いほどゾクッとした、のだそうです(笑)。

だんだんと自我に目覚めるとオンナらしくありたいと思うようになり、美容室のオーナーに「メイクをしてお店に立ちたい」と言いました。そのとき「売上トップになったら」と条件を出されたのも腕を磨く原動力になった気がします。お客様に恵まれたお陰でトップを続けられ、約束通りメイクをして人前に出ることができるようになったことが、脱コンのきっかけとなりました。

美容師をやりながらメイクの教室に通い、27歳でヘアメイクの事務所に入りました。すると、それからはメイクが私のコンプレックスとなっ

スタジオの雰囲気作りも重要。ベアのぬいぐるみはいつもいっしょ。

アーティストとして真剣な眼差しで細部までこだわるIKKOメイク。

て苦しい日々が続きます。雑誌や広告の撮影となると、実践が足りずレベルが追いつかない…。どうしよう。どうしたら上手になれるんだろう。そんな迷いの中で、一体のセルロイド人形の肌からグラデーションの美しさに目覚めます。モデルさんを頼んで、どんなグラデーションがキレイか、人の肌の上で色の組み合わせはどう映えるか、肌の立体感を出すためのグラデーションはどう違うか、素晴らしいと感じた外国の雑誌や広告作品をお手本に、とにかく練習、練習。そうやってテクニックや色遣いがだんだん自分のものになると、メイクがとっても楽しくなってきて、自然とコンプレックスが消えました。メイクの練習は美容家となった今でも欠かしません。

メイクは苦手だから得意なヘアだけで生きていけばいい、と思っていたら、今の私はなかったでしょう。あんなに苦手だったメイクが、私にとって「ＩＫＫＯ」になれたきっかけをくれたものでもあり、「美容家」としての私を作ってくれた大切な道ともなったのです。

IKKO Magic 最新メイクギャラリー

日々進化するIKKOメイク。それまでとは違う、今の気分をメイクで表現するには
ソウルというスパイスを入れ込むこと。魂に響き、感じるメイクは
いつも人を引き付ける。そんなIKKO流メイクの“今”をお届けします。

スモーキーな瞳が引き出すアジアンビューティ

このメイクの主役は、何といっても意志の強さを感じさせる目もと。ブラックのジェルライナーを二重の幅全体に引いたあとアイホールにぼかし込むことによって、水墨画のように黒の濃淡で深みを表現しています。さらに目を囲むようにアイラインを重ねることでまなざしをより印象的に。アイラインの上にはグリーンのアイシャドウを重ねてアクセントをプラスし、アイホールにシルバーを、目尻のくぼみにはブラウンのアイシャドウを入れて立体感を演出しています。また、目尻にボリュームのあるつけまつ毛をつけることで、アジア女性の魅力である切れ長な目もとを最大限に際立たせています。

color technique KEY BRAND

shu uemura

クールさや意志の強さを感じさせる女性像を表現したいときによく使うのが、シュウ ウエムラのダークカラー。黒一つをとってもさまざまな表情の色味が揃っていて、個性豊かなアイラッシュとともに私のメイクにインスピレーションを与えてくれます。

Exotic《エキゾチック》

Model／Saori

表現したかったのは、アフリカの大地を思わせるようなプリミティブな女性像。シェーディングとハイライトを駆使して、ドラマティックに肌の陰影を強調しています。この作品を作るときに一番見せたかったのは肌の質感。そのため、目もとや口もとは色味を極力抑えるようにしました。ただ、どこかに「引っかかり」を感じさせるものにしたかったので、フェザーのつけまつ毛をポイントにすることでアート性をプラスしました。また、リップは肌に溶け込むようなベージュでまとめながらも、みずみずしく仕上げることによって、力強い印象の中にも女性らしいしなやかさや潤いを演出しています。

肌の質感で見せるグラマラスな女の生命

color technique KEY BRAND

NARS

絶妙なニュアンスを描出したいときに心強いのが、大胆かつ繊細な色味が豊富に揃っているNARSのカラー。肌に溶け込むように粒子が細かいので、ニュアンスカラーも美しく発色してくれます。また、マットからシアーまで多種多様な質感が楽しめるのも大きな魅力です。

Glamorous《グラマラス》

Model／Rachel Rhodes

ネックレス／imac

ビビッドに彩られた鮮やかな目もとはまるで南国の花

ポイントは、色とりどりに咲き乱れる南国の花のように鮮やかな目もと。アイシャドウのグラデーションを横にではなく縦に入れることによって、色の変化を強調しています。そして、生き生きとした色味のアイシャドウに対して、ノーブルな印象のつけまつ毛を組み合わせることで、「少女」と「女性」の間で揺れ動く危うげな色気を表現してみました。また、上まぶたに鮮やかな色味を入れた分、下まぶたにはスモーキーなグリーンを入れて全体の印象を引き締めています。口もととチークには、主張しすぎないイノセントな色味のピンクを持ってくることで、全体のバランスを調整しています。

color technique KEY BRAND

RMK

鮮やかで若々しさを感じさせるメイクを作りたいときに活躍するのがRMKのアイテム。しっかりと色づきながらも透明感があるので、強い色を使っても重たくならず、ピュアな印象に仕上げることができます。特にピンク系のカラーは私のお気に入り。

Floral

フローラル

Model／Rachel Rhodes

in Make Room

IKKOさんちで見つけた コスメ&美容グッズ

「IKKOさんってどんなものを使っているの?」という皆さんの疑問に答えるべく、IKKOさんちで実際に見つけたアイテムをコメント付きで大公開しちゃいます!

プロ仕様 ヘアクリップでメイクも快適に!

メイク中ずっとつけていても前髪に跡が残らないからとっても重宝するの。昔は手作りしてたのよね(笑)。マペペ 跡が付かない前髪クリップ(4個入り)¥525/シャンティ

お肌のSOSをレスキュー! お助けベースアイテム

くすみや毛穴、小じわをキレイにカバーしてくれるし、UVだってカットしてくれるのよ〜。右からヌーディ モア ブライトンカラーUV 30g ¥3,360、ヌーディモア パウダリーファンデーション UV 全2色 ¥5,775/クチュール

セミマットな大人肌になれるクリームファンデ

肌にぴたっとフィットして、ムラのない均一な肌に仕上がるところがいいの。クレ・ド・ポー ボーテ タンナチュレールフリュイドs 全8色 ¥12,600/資生堂インターナショナル

カバー力なら! 長年愛用の練りファンデ

カバー力が抜群に優れていて水や汗にも強いので、ヘアメイクをしていた頃から私のメイクボックスには欠かせない存在です。カバーマーク ベーシックフォーミュラ 全23色 各¥2,940/カバーマーク

美しいベースメイクを作る優秀なスポンジたち

使いやすいチャスティのスポンジは私のメイクタイムに不可欠なアイテムなの。右から、チャスティ ザ・メイクアップ バウンドタッチスポンジ ¥420、チャスティ ベルベットタッチパウダーパフ 全2種 各¥472/シャンティ

崩れない! くすまない! 万能コンシーラー

肌にぴったりと密着してくれるから、崩れがちな目もとや口もとに使っても長時間キレイが続くわよ〜。ダブル ウェア ステイ イン プレイス コンシーラー 全3色 ¥3,675/エスティ ローダー

メイクルームで

一人何役もこなす マルチなフェイスカラー

カラーが肌にスッとなじんで、私のイメージを思い通りに表現できるの。アイカラーからハイライトまで応用範囲が広いのも魅力よね。ケサランパサラン フェイスカラー 全13色 各¥2,625／ケサランパサラン

印象的な目もとを作るアイシャドウ

ニュアンスのある色味が揃っているので、深みのある目もとを作りたいときに重宝しています。しっとりと濡れたような艶感もキレイなの。アイカラー 全5色 各¥1,260／ザ・ボディショップ

老舗の多彩なつけまつ毛

日本で最初につけまつ毛を発売したコージーだから、たっくさんのつけまつ毛が揃っているの。その中から「自分好み」を見つけたり、カスタムまつ毛に挑戦するのも楽しいわよね！ 上から、マギーメイ アイラッシュ ¥1,050、アイラッシュ ミネットタイプ ¥1,575、アイラッシュ メロウタイプ ¥1,260／コージー本舗

フェルトライナーで黒目を徹底的に強調よ

細いラインも太いラインも自由自在。フェルトタイプだから目もとへの当たりがとっても優しいの。キャンメイク パーフェクトブラックアイライナー ¥525／井田ラボラトリーズ

大好きなバニラと白檀の香りを重ねづけ!

最近、バニラと白檀の香りの重ねづけに凝ってるの。サンタ・マリア・ノヴェッラのものは香りがとても濃厚で、優雅な気持ちになります。右から、ボディクリーム バニラ250㎖ ¥8,925、オーデコロン サンダーロ 100㎖ ¥14,700、オーデコロン バニラ 100㎖ ¥14,700／サンタ・マリア・ノヴェッラ銀座

輝きの目もとで周りの視線をひとり占め!

上品なパール感と美しい発色が秀逸。ハイライトカラーとしても活用しています。DHC アイシャドウムーン 全30色 各¥525／DHC

in Private Room

「黒真珠」のマスクで瞬間きらめき肌

黒真珠パウダーが輝くこのマスクは毛穴の大掃除と潤い補給が同時にできちゃう優れもの。エキゾチックな甘い香りも私好み。オシエム ブラックパールマスク 50㎖ ￥12,600／フレグラントアースワールド

甘いバニラのハンド&ボディケア

フランスではとってもポピュラーなロジェ・ガレの商品。バニラの甘い香りが漂うソープやボディクリームはうっとり気分にしてくれます。／本人私物

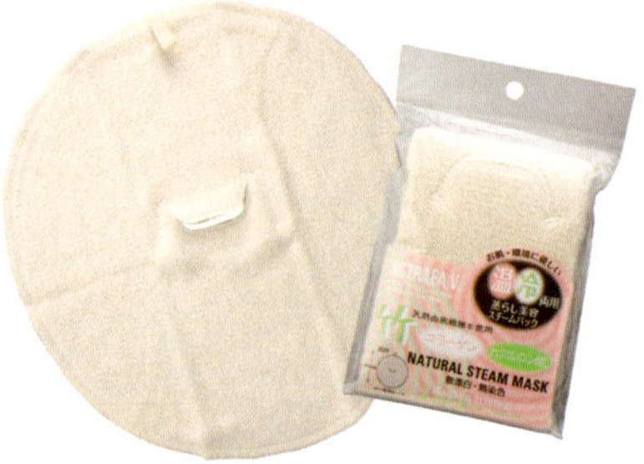

エコ素材のスチームマスクで肌にも環境にも優しく!

竹レーヨンを使用した温冷両用のスチームマスク。柔らかなさわり心地でお肌にも優しいの。アストレア ヴィルゴ ナチュラルスチームマスク ￥1,050／シャンティ

最近のヒット「コロコロ」はコレ!

このローラーは顔や首のお肉をはさみ上げて刺激してくれるから、とっても気持ちいいの。時間が空いたらすぐにコレを「コロコロ」。 いつだって「小顔」への努力は怠らないわよ〜。 フェイスローラーハナ ￥1,470／サンパック

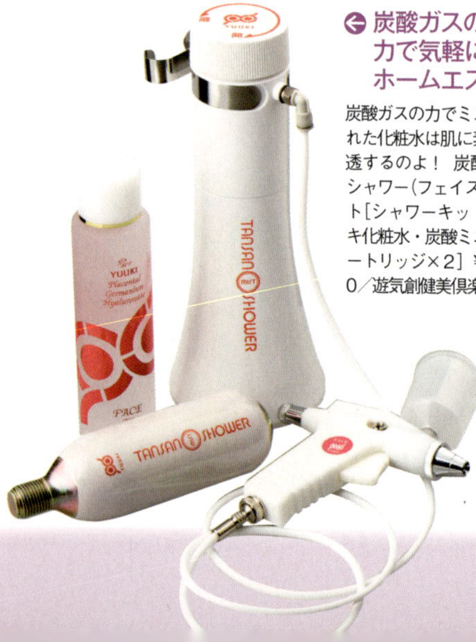

炭酸ガスの力で気軽にホームエステ

炭酸ガスの力でミスト化された化粧水は肌に素早く浸透するのよ！ 炭酸ミストシャワー（フェイス用）セット［シャワーキット・ユウキ化粧水・炭酸ミニガスカートリッジ×2］ ￥36,750／遊気創健美倶楽部

シートケア活用でスキンケアをより効果的に

最近では美容ケア用シートもいろいろあるのよ。どんどん活用しちゃいましょ！ 右から、アストレア ヴィルゴ ネックケアシート10枚入り ￥504、アストレア ヴィルゴ フェイスラップシート10枚入り ￥399／シャンティ

プライベートルームで

肌への優しさに満ちたオゾンのクリーム

素肌本来の潤いを取り戻してくれる、オゾン配合のクリーム。添加物や防腐剤は一切使っていないのがいいわよね。ヴァージンメディカル クリーム 20g ¥6,090／ブイエムシー

天然成分100%のアロマキャンドル

溶けたものはボディケアにも使えるのよ。200種類以上ある香りの中で、私は「キューカンバーメロン」などを愛用中。ミレナーズキャンドル ¥12,900／ミレナーズブティック・ジャパン

美容液を先につける独自の美白アプローチ

クリアな潤い肌に導くスキンケアシステム。私もメイクのデモンストレーションのときには必ずモデルちゃんたちに使っているの。右から、インナーシグナル リジュブネイトエキス 30mℓ ¥10,500、インナーシグナル リジュブネイトローション 120mℓ ¥5,250／大塚製薬（ともに医薬部外品）

なめらか肌に仕上げるボディバター

お風呂上がりに欠かせないのがこのボディバター。特にココナッツを長年愛用しています。ボディバター 200mℓ 全13種 各¥2,310／ザ・ボディショップ

プルプル肌になれるモイストフルクリーム

大好きな韓国コスメ・エチュードハウスのクリーム♡バオバブの木から抽出した成分配合で、ジェルのように軽いのに潤い肌になるの〜！／本人私物

加齢に負けない自信あふれるアイゾーンに

ふっくらとしたハリを目もとに与えてくれる、女性皮膚科医開発のアイクリーム。ラグジュアリー・デ・エイジ ラインセラム アイ 18g ¥8,400／アンプルール

バスルームで *in BathRoom*

➡ とろけるお湯で うっとりバスタイム

最近はまっているのが、お湯にムースのベールが広がるような入浴剤。しかも私の大好きなバニラの香り！ クリーミーなお湯につかってバニラの香りに包まれると、身も心もとろけちゃいそうよ〜。ふんわりっち フレンチバニラの香り 30g ¥189／バイソン

➡「ポイントメイク」には「ポイントオフ」を

アイメイク全盛の今だからこそ、しっかり落とすことが大切。ビファシルは2層タイプのリムーバーで、繊細な目のまわりなどにも負担をかけずにポイントメイクを落としてくれます。ビファシル 125mℓ ¥4,725／ランコム

⬅ 効果的なスキンケアのためには洗顔が大切よ

洗顔料は肌への優しさと汚れ落ちが両立していることが基本。豊かな泡が特徴のリセットウォッシュはそれに加えて古い角質も除去してくれます。アクセーヌ リセット ウォッシュ 200mℓ ¥3,150／アクセーヌ

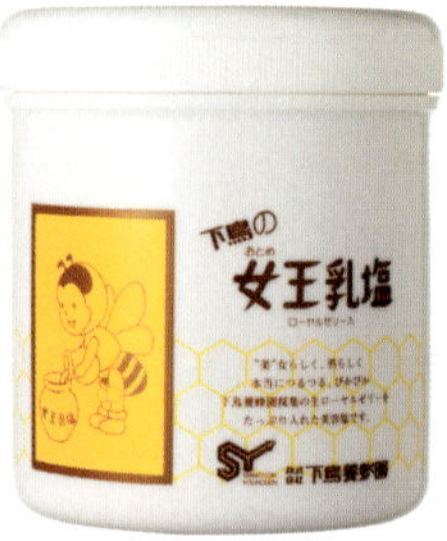

⬆ 養蜂園のマッサージソルト

たっぷり配合されたローヤルゼリー＆蜂蜜は養蜂園ならでは。つるつる・ぴかぴかのお肌になれちゃうの。下鳥の女王《おとめ》乳塩 600g ¥5,985／下鳥養蜂園

⬆「素肌力」はクレンジングから

バームが肌に伸ばした瞬間とろりとなめらかなテクスチャーに変わって、優しくメイクとなじんでくれるの。しっかりメイクもばっちり落とせるわよ〜。テイク ザ デイ オフ クレンジング バーム 110g ¥3,675／クリニーク ラボラトリーズ

⬅ 和草の力でしなやかな絹髪に

ダメージを効果的に補修&予防して美髪に導いてくれるいち髪のスペシャルケア。特にマスクと携帯できる美容液がおすすめ。右から、高浸透"瞬密"プレミアムマスク180g、和草モイスチャーゲル美容液40g ※ともにオープン価格／クラシエホームプロダクツ

⬆ 馬油の力でハリとツヤのある髪に

良質な馬油が効果的に浸透して、潤いを感じさせる髪に。右から、馬油シャンプー 1,000mℓ ¥3,150、馬油トリートメント 1,000g ¥5,775／アズマ商事

― 第3章 ―

驚異のアラフィフ変身術Before-After

オンナに年齢はない

アラフォー？　アラフィフ？　そんなの関係ないわ！　いくつになってもオンナはオンナよ。
せっかくオンナに生まれてきたのに、オンナであることを捨ててしまったら、
あなたの人生つまらないものになってしまうわ。
メイクと努力と最新美容でエイジレスを目指しましょ。

実姉の華麗なる変身を大公開

IKKOが50前後《アラフィフ》の変身をプロデュース

✴ エクサイズ *Exercise*

✴ 美容医療 *Beauty medical care*

✴ ヘア＆メイク *Hair&Make-up*

IKKO's Around 50 Produce !

"Around50"――――。私自身40代も後半に差し掛かり、最近ぐっと身近に意識するようになった年代です。数年前までは、少しの努力や心がけでカバーできた疲労回復やプロポーションの維持も、「付け焼刃は通用しない！」と我が身で痛感する日々…。なんとかしなくちゃという漠然とした思いから、行動に移させたのは、昨年7月の父の死がきっかけでした。悲しみと疲労で文字通りしわくちゃになった私の顔。どんなに努力しても消えないしわに悩む私に、ある知人が解決策の一つとして美容クリニックを紹介してくれたんです。

美容医療は、これまでどこか抵抗があって頼ることはなかったけれど、信頼できるドクターと出逢い、効果的な施術を受けることで見事にしわは解消。このとき、「年齢を理由にあきらめるのではなく、今こそ新しい方法に目を向けてみるべき。アラフィフ世代でも美しくなれる方法はまだまだあるんだわ！」という確信とともに、身近にいる姉たちを見て、まずは彼女たちからなんとかしなくっちゃ！という思いに至りました。そう、それが本企画の始まり。

姉たちの変身が、少しでもアラフィフ世代の女性たちに希望を与えられたら…という願いを込めて、プロデュースの全貌をお見せします。あきらめちゃダメよ〜！

お姉さんたちの驚きのBeforeは次項を見て!!

私たち
アラフィフ三姉妹
Around 50

努力と私のメイク術で
こんなに若く美しい

今回プロデュースするのは
アラフィフ世代真っただ中の実姉2人

P.45の写真とプロデュース前の写真を比較すると、まるで別人のようですね(笑)。
50年もの年を重ねていくとお肌の悩みや課題も山積みだけど、一つひとつクリアにしていけば
必ず道は開けます。まずは、改善点をしっかり認識することから始めましょ!

Before

check!
最近ちゃんとお洒落してる?

51歳

美穂お姉さん

一番上の姉です。仕事をしながら、大学に社会人入学し勉学に励むアグレッシブな、3人の子どもの母。20代・30代の頃は、元CAという職業柄か美容にも気を遣い、168cmという長身でスタイルもよいほうだったのに、出産してからは徐々にオバサン体型に。近頃では皮膚全体にたるみが出てきて、メイクをしても抑揚のないぼんやりとした印象に…。素材はよいのに、もったいない!

徹底的にいくわよ〜!

の写真公開!

Before

check!
毎日運動しなくちゃダメよ!

48歳

ルミお姉さん

2番目の姉です。福岡で自分の会社を持ちバリバリ働く、2人の子どもの母。とにかく活発で小さい頃からよく男らしいって言われてたっけ…。普段から美容にはあまり手をかけていないと公言するだけあって、しわやたるみはお手上げ状態!? 怖がって行ったことのなかった美容クリニックにも今回は初トライして、本来あるべきフェイスラインを取り戻しましょ。ついでに肌年齢も若返らせて!

IKKO's *Produce*

まずは、3ヵ月後の撮影を目標に頑張って!

MESSAGE from IKKO

1. みずみずしい肌はハッピーな女性の証よ。
2. 毎日姿見を見て、自分のボディラインをチェック!
3. 自分のチャームポイントをもっと際立たせましょ。

ここが問題!

★深く刻み込まれたほうれい線。

★ハリ・弾力のない皮膚。

★ボディラインにメリハリがない。

プロデュース前

MESSAGE from IKKO

1. 毎日いい汗を流して心も体も健康にね!
2. いいお化粧品を使って肌を慈しむことも大事よ。
3. 刺激を与えてくれる人との出逢いを大切に。

ここが問題!

★輪郭を拡張させる脂肪とたるみ。

★化粧持ちを阻害する細かいしわ。

★くびれのないずん胴ボディ。

アラフィフプロデュース ❶
＊エクササイズ編＊
Exercise

How to エクササイズ

用意するのは、テンポのよい楽曲と1畳ほどのスペースだけ。曲の始めから終わりまで、1曲が流れている間にエクササイズ④〜⑳までの動きを繰り返します。体を動かしながら、お腹・二の腕・ヒップの深部筋を鍛えるので、ムキムキになる心配はゼロ。凹凸のあるメリハリボディを目指して、レッツ、エクササイズ！

Start！
［ウルトラ♡アゲ♡アゲ Dancing］編
作詞作曲：岡田実音

❶

♬（イントロ 32 秒）

まずはストレッチ。❶膝の角度が90度くらいになるまで腰を落として重心を下げ、膝にひじをかける。❷右手のひらを右膝に置いたら、そのまま膝を後方にゆっくりと押し、肘をまっすぐ伸ばす。❸②と同様の動きを反対の手足で繰り返す。

歌い出し

♬あざやかハニー〜

続いて、太ももとお腹を引き締めるステップ。❹の姿勢からスタートし、❺左足を一歩前に踏み出す。❻踏み出した左足を軸に、右足を前方にキック。❼蹴り上げた右足をそのまま後方に着地させて、❽左足をさらに後方に置く。⑤〜⑧を8回繰り返したら、反対の足でも同様に8回繰り返す。終わったらそのままの流れで次のエクササイズへ！　動きのテンポが速いため、腕はステップに合わせ自然に動かす程度でOK。

テンポのよい曲がおすすめ!

Ken-J 先生おすすめの エクササイズナンバー

Recommend 3
『ダンシング・クイーン』
ABBA
テンポの速さ … ★★⯪☆☆

Recommend 2
『ワン・ナイト・オンリー』
（ディスコ・ヴァージョン）
映画「ドリームガールズ」より
テンポの速さ … ★★★★⯪

Recommend 1
『ウルトラ♡アゲ♡アゲ Dancing』
IKKO & Happy Girls
テンポの速さ … ★★★⯪☆

脱!オバサン
体型よ!

IKKO's *Produce*

アラフィフをいわゆる“オバサン体型”に見せているのは、**どっしりとしたウエストまわりとたるたる二の腕。エクササイズ**で、**お腹と二の腕**を徹底的に**引き締めて!**

❸
❷
❽
❼
❻
右足を
前方に
蹴り上げる
蹴り上げた
右足を
後方に着地
左足を
さらに
後方に置く
再び❺
の動きへ!

毎日楽しく
続けましょう

IKKO信頼の
アラフィフお助け人
FILE ❶
Ken-J 先生

Plofile
IKKOをはじめ、数々のアーティストの振り付けやバックダンサーを務めるプロダンサー。海外での講師経験を持ち、現在は首都圏のスクールを中心にダンス講師としても活躍。レッスン生にはアラフィフ世代も多く、年代問わず厚い支持を集めている。

アラフィフ プロデュース ❶
エクササイズ編
Exercise

歌い出し

♬ぷるぷるリップで～

次に、ヒップアップとお腹を引き締めるエクササイズ。❾肩幅くらいに脚を広げ、膝を曲げて軽く重心を落とす。このとき上半身は、両手を重ねて前方に。❿胸板を開いて反るようにバストを前に突き出しながら、手を頭の後ろに振り上げる。同時に、ヒップは後方につんと突き出す。⓫振り上げた手を下ろしながら、バストとヒップの位置を戻す。⓬両手を後方まで振り下ろしながら、再びバストは前方に、ヒップは後方に突き出す。⑨～⑫を8～10回繰り返す。

腹筋に意識を集中させて効果UP!
point!

歌い出し

♬ギラギラ Dance tonight～

⓭脚を広げ腕を軽く曲げて、胸の高さで構える。⓮⓯つま先を前方に向けたまま、上半身は⑬の姿勢をキープして左右交互にウエストをひねっていく。これを左右合わせて16～20回繰り返す。⓰⓱片腕を伸ばして、⑭⑮よりもさらに大きな動きでウエストをひねる。これも左右合わせて16～20回繰り返す。⓲⑬～⑰の流れからいったん手を額の上で構え、⓳⓴右ひじを左膝に、左ひじを右膝に軽くタッチさせるよう片足を上げながら、これも左右合わせて16～20回繰り返す。ここまででエクササイズの流れは終了。曲が終わるまで⑤～⑳を繰り返す。

⓭

⓮

⓲

⓳

⓴

Finish!

大切なのは、この約５分間のエクササイズをいかに毎日続けられるか。あまりストイックになりすぎずに、音楽のリズムに身を委ねて楽しみましょう。毎日続けていると動きが身について、体が自然に動くようになりますよ。

IKKO's *Produce*

「今日は疲れてる」とか「体調が…」とか
アラフィフ世代って言い訳がお上手。
美しくなるために、まずは**言い訳をやめて!**
美と健康は一日にして成らず、ですよ。

美穂お姉さんの場合……

永峯医院で
頬のたるみの悩みを相談

美容に対する悩みに直面したとき、私自身が化粧品や運動で
目一杯努力するタイプだから、真っ先にクリニックはおすすめしません。
けれども、“どんなに努力してみても自分の力では改善できない”、
そんな悩みで立ち止まってしまうなら、美容医療の力に頼るのも一つの手。
メイクやエステの効果をさらに高める一つの美容法として取り入れてみて。

—— IKKO's *Produce* ——

皮膚が垂れ下がった ブルドッグ状態でも、どうにかなるかしら?

大丈夫よ!

IKKO 信頼の

アラフィフお助け人 *FILE* ② **永峯由紀子**先生

ClinicDATA

永峯医院

●東京都中央区銀座3-13-11 銀座芦澤ビル2階 ☎03-3542-3737(完全予約制) ㊡月木、第1･3日曜

Profile

永峯医院院長･医学博士。東京大学大学院修了。ER(救急救命室)勤務の経験を持ち、“人を健康にできる人こそ、人を美しくできる”をモットーに、心も体も元気になれる治療を提案。“足のトラブル外来”の開設など、活躍の場も幅広い。

お手上げ状態への解決策

サーマクール

重力に負けてたるんだ皮膚と、深く刻まれたしわ。この一筋縄ではいかない肌の悩みに、メスを使わずアプローチするのが「サーマクール」。レーザーよりも長い波長を持つ高周波が真皮層内まで熱を届け、熱の刺激でコラーゲンの生成を助けることによってリフトアップし、皮膚免疫もアップして健康な肌へ促す(1回￥370,000)。

ほかにもこんな
メニューがおすすめ

check!
check!

オーロラ(1回￥52,500)

シミやくすみ、開いた毛穴などの悩みに効果的な、光と高周波を組み合わせた施術。

スキンタイトニングレーザー(1回￥84,000)

リフトアップや引き締めを促す光と高周波の施術。サーマクールよりも手軽な入門編として。

ウエット&ケミカルピーリング(1回￥21,000)

毛穴の汚れや不要な角質を除去。レーザー光線の通りがよくなるので、レーザー照射の前に。

ルミお姉さんの施術前

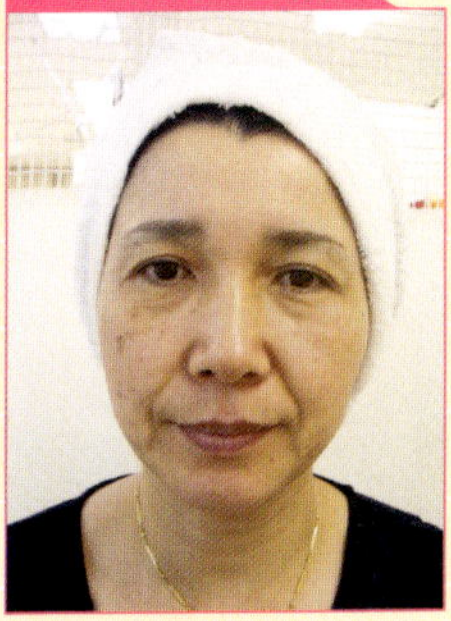

施術のポイント

老化と重力に負けてしまった肌の救世主「サーマクール」!

「お顔立ちはキレイなのに“目”に視線がいかず、代わりにたるみやシミが主張していて損をしている状態です」と永峯先生。リフトアップしながらフェイスラインを引き締めることをポイントに、即効性と持続性を併せ持つ最新鋭の施術、サーマクールをセレクトしました。

施術 START!

「サーマクールはデザインが命。同じショット数でもデザイン次第で歴然とした差が出ます」。照射前に、まずデザイン。筋膜を引き上げるのがポイントで、大体の人が左右に微妙な差があるので触診で確認していきます。

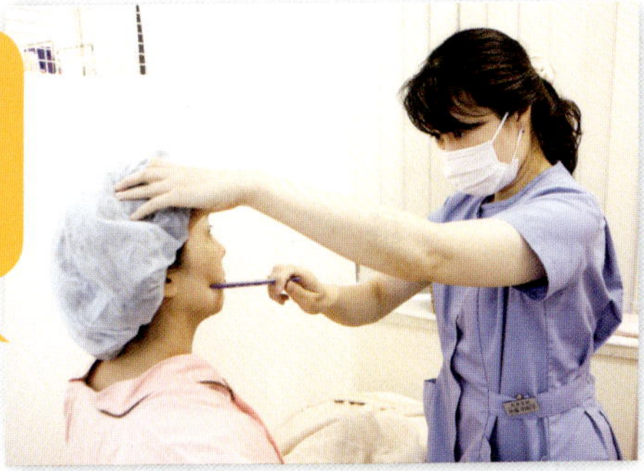

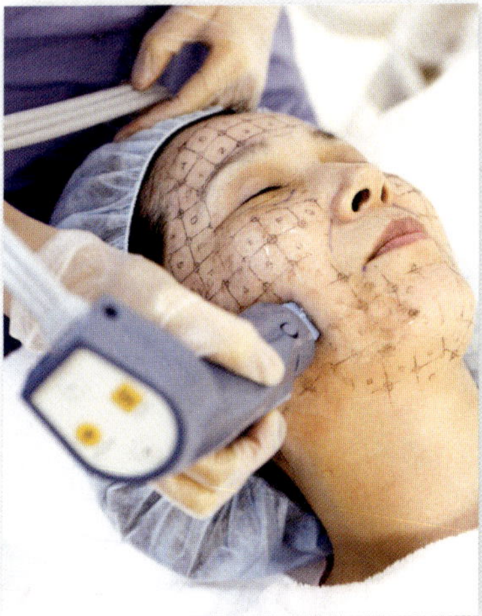

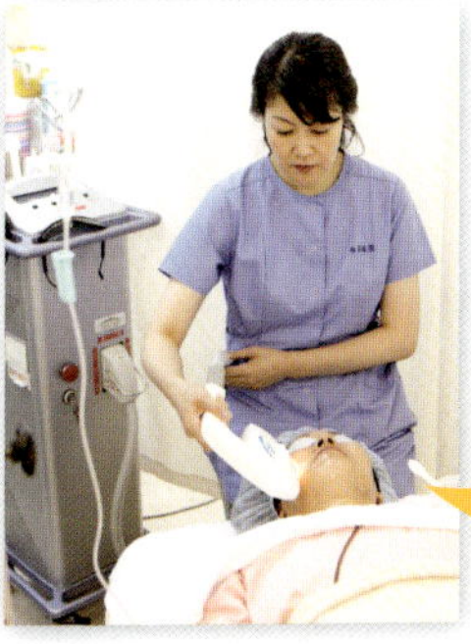

うぶ毛があると毛穴が引き締まらないので、まずはレーザー脱毛で毛穴を空っぽに。サーマクールは照射ガイドのマス目を顔に転写してから照射開始。肌の奥に熱感のある痛みを感じるので、調節をしながら約300発を照射。

気になる施術の効果は P.56 のすっぴんフェイスをチェック!

アラフィフプロデュース❷
✳美容医療編✳
Beauty medical care

ルミお姉さんの場合……

あおいクリニックで 顔の輪郭の悩みを相談

一般的に高いアンチエイジング効果が認められている施術でも、
仕上がりは個人差があるの。深いしわだけ消したいという人もいれば、
しわが1本もないドールスキンを理想とする人もいて、施術に求める
効果の程度は人それぞれ。だからこそ、カウンセリングがとっても重要です。
少しでも不安があるなら、納得がいくまで先生に相談してみましょ！

—— IKKO's *Produce* ——

しぶとい顔の贅肉。シャープにする、よい解決策はないかしら？

まかせて！

IKKO信頼の
アラフィフお助け人 *FILE* ❸ **中野あおい**先生

ClinicDATA

あおいクリニック銀座

●東京都中央区銀座5-5-13 坂口ビル5階 ☎03-3569-0686 ㊟10:00〜19:00（完全予約制） ㊡木日祝

Profile

あおいクリニック院長。金沢医科大学卒。安全で効果の高い独自の施術法に定評があり、確かな技術で芸能人や美容家からの信頼も厚い。国際学会に数多く出席し、いち早く最先端の技術を導入するなど日本の美容界を牽引する存在に。

お手上げ状態への解決策

モザイクメソスキン＆メソフェイスダイエット

肌のたるみには、最新型レーザー「モザイク」と、真皮上層に直接薬剤カクテルを導入する「グロスファクターメソスキン療法」を組み合わせた「モザイクメソスキン」（初回トライアル¥210,000）が効果的。さらに、注射治療で直接脂肪を分解する「メソフェイスダイエット」（1回¥29,400）で、フェイスラインをすっきりさせます。

ほかにもこんなメニューがおすすめ *check! check!*

BOTOX注入（¥52,500〜）

目もとや額、口もとなど表情じわの解消に効果的。欧米で人気の高いアンチエイジング療法。

小顔BOTOX（1回¥105,000）

エラが張っている人におすすめ。頬の筋肉に直接ボトックスを注入し、顔のラインをシャープに。

ヒアルロン酸注入（¥52,500〜）

たるみやしわなど気になる部分に直接注入することで、ふっくらと弾力のある肌に。

ルミお姉さんの施術前

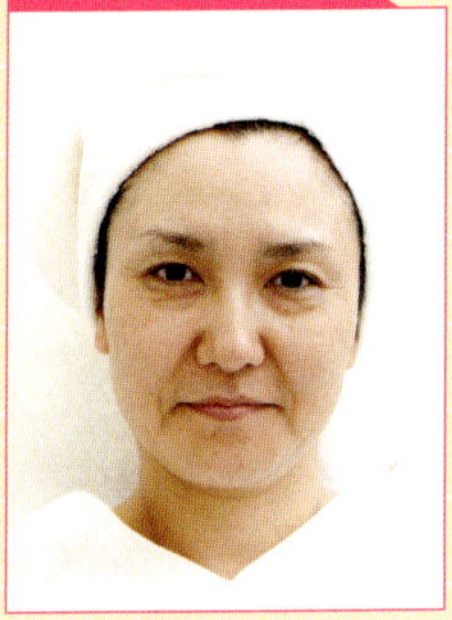

施術のポイント

レーザーと溶解注射の強力タッグでキュッと小顔に!

顔のシルエットを大きく見せている主な要因は、“皮膚自体のたるみ”と“皮下脂肪”の2つ。細胞レベルで肌を若返らせる「モザイクメソスキン」で内部から肌を底上げし、やせにくいあごのラインは、溶解注射で脂肪に直接アプローチ。どちらも小顔のためのメニューです。

施術 START!

肌タイプなどの細かいカウンセリングを終え、いざ施術へ。照射する「モザイク」は毛穴よりも微小な孔(あな)をあけ瞬時に真皮まで届かせるというレーザー。痛みはほとんどないので安心。その後、グロスファクター・AAPEを導入します。

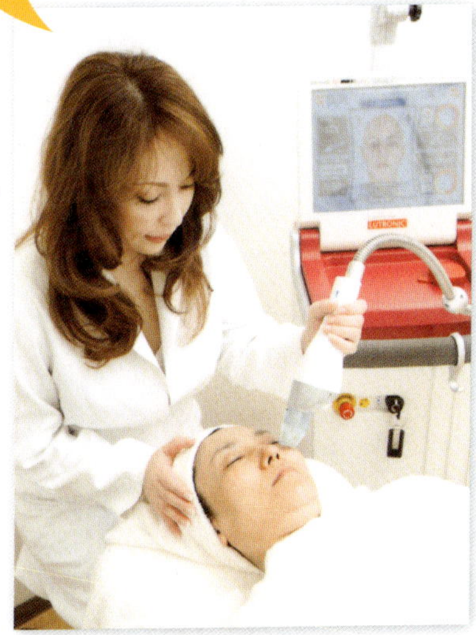

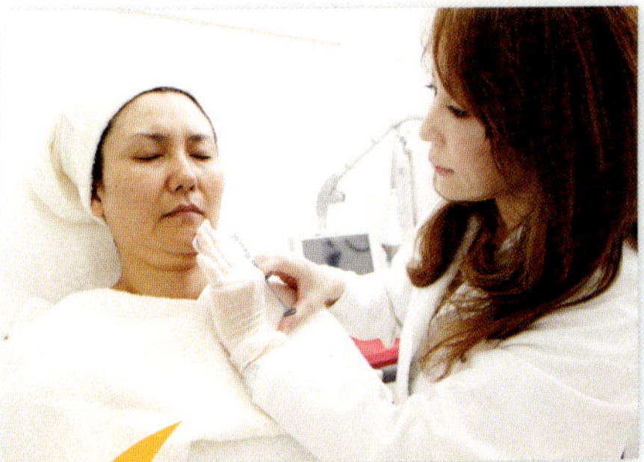

続いて、長年フェイスラインをもたつかせていた皮下脂肪に着手。あおい先生の十八番ともいうべき“ナパージュ法”という打ち方のおかげで、注射による腫れもなく、痛みも最小限に。あと2～3回行うことで、効果はさらに顕著に表れます。

気になる施術の効果は P.57 のすっぴんフェイスをチェック!

アラフィフプロデュース ③
IKKO流 ヘア&メイク編
Hair& Make-up

美穂お姉さん

Hair & Make-up

若々しい印象づくりはヘアスタイルがとても重要。アラフィフ世代特有のペシャンコヘアは、老け顔を作る第一要因。部分エクステを上手に使って程よくボリュームを出します。メイクは、肌色を均一に補整してくれるファンデーションを基調に、上品かつ発色のよいピンク系でまとめました。

After
見た目年齢
45歳!!

Styling

テーマはエレガントビューティ。長身の美穂お姉さんには、ヘアスタイル同様トップスもフリルをあしらったゴージャスな装いで。トータルバランスもグッドでしょ。アラフィフ世代はビビッドな色味の洋服を避ける傾向にあるけど、発色のよい洋服は顔立ちをハッキリ見せるからおすすめよ。

変身後の美穂お姉さんの感想

まるで別人のように生まれ変わって、もう1人の自分を発見したような気分です。周りの人からも「若返った」とか「キレイになった」と声をかけられることが多くなりました。この企画にトライしてよかった！

After

見た目年齢

42歳!!

メイク前のすっぴん

ルミ
お姉さん

Hair & Make-up

フェイスラインが気になるルミお姉さんには、裏技を…！　医師が使う外科用のテープをウィッグで隠れる部分に貼って、後頭部からキュッと肌を引き上げます。さらに、ヘアスタイルはボリュームを抑えてシルエットを小さく、アイメイクも甘さ控えめなカラーでシャープな印象を演出。

Styling

アラフィフ世代とはいえ、ある程度の肌見せも大事。自信のあるパーツや、逆に欠点を克服したい部分は人前に出して、美しさに磨きをかけて。また、小顔に見せるなら、大ぶりのイヤリングや、デコルテにファーなどのポイントを置くのも効果的。小物づかいがスタイリング成功のカギです。

変身後のルミお姉さんの感想

今まで知らなかったテクニックや方法を、今回たくさん目の当たりにして驚きと感動の連続でした。特に、自分の顔がひとまわりも小さくなって感激！　これからも運動と小顔メイク、続けます（気合）。

アラフィフだって あきらめちゃダメ!

年齢コンプレックスを忘れることが自分らしい美への第一歩です

美しい50代は、にじみ出るオーラがあるの

年齢を重ねるほど、その人の顔には内面が如実に表れます。優しさとか余裕とか、そこから生まれるオーラほど、人を輝かせてくれるものはないのよ。

クラッチバッグが似合う女性って優雅よね

取っ手のないクラッチバッグって、実は手もとの所作が目立つのよね。成熟した大人の美しさって、そういう些細なところの優雅さがものをいうと思うわ。

自分のいい部分を褒め育ててあげましょう

例えば「ウエストが太いのがいや」より、「足首は細くてキレイ」ってほうを意識するの。ポジティブは美しさの最大の味方。「私なんてダメ」なんて考えが浮かんだら、すぐに捨て去ってしまいましょうね。

どんなに小さくてもいい。毎日目標に向かっていくことが大事

例えばスカート。「今は太っているから着られない」とタンスの奥にしまわずに、その一着に向かって努力してみましょう。絶対にキレイになれるわ。

Message to Around 50 from IKKO

気分が上がる瞬間にキレイ指数も上がる

時には旦那さまと恋人気分でデートしたり、大好きなアーティストに会いに行ったり…。誰かに胸が〝キュン〟となる瞬間が多いほど、あなたの魅力は増していきますよ。

撮影協力／EASE PARIS

香りは女の顔

ディオールのヒプノティックプワゾンと、ジルスチュアートのオードパルファンバニララスト、ヨープのヌイドエテは、私の香水「三種の神器」です。

それはたぶん、何の悪気もなかったのでしょうけれど、子どもの頃「おまえ、くさい」と言われたそのひとことが、コンプレックスとして私の中に焼き付いてしまいました。大人になったら「いい香りのする人」って言われたい。それが香水をコレクションするきっかけになり、家ではお気に入りの香水と、クリスマスシーズンになると各ブランドから限定で発表される練り香水（趣向を凝らしたコンパクトがほんとにキレイで可愛い！）をディスプレイして楽しんでいます。

ここ数年ディナーショーなどで皆さんと握手をする機会が増えて、一瞬のふれあいの中でも香りなら私らしい印象を残すことができるかなと、ボディクリームと香水数種をブレンドして自分の香りを作っています。第一印象で「いい香りの人」って思ってもらえるだけで物事がうまく進みそうでは？　香りってそういう効果があると思うんです。だから「香りは女の顔」。ファッションやメイクと同じ自分を表現するものの一つとして、香水を上手に使いこなしていきたいですね。

Perfume

aしなやかな花の香りのクリスチャン・ディオール「ジャドール」bフローラルブーケの甘美な香りのイヴ・サンローラン「パリ」cドラマティックでオリエンタルなゲラン「シャリマー」d神秘的で気品のあるゲラン「ミツコ」

a

c

b

d

e

g

f

h

i

e妖艶なアンパサージュ「ヴィクティム」fウッディでオリエンタルなゲラン「夜間飛行」gエキゾチックなキャシャレル「ルールー」hセクシーで芳醇な甘さのジバンシイ「オルガンザ」i魅惑的な香りのゲラン「サムサラ」／すべて本人私物

IKKO注目の
最先端&最新コスメ

日々進化する化粧品業界。最新のキーワードは「遺伝子」と「糖化」。遺伝子や糖化による老化のメカニズムの研究が進むと、その理論が化粧品へと応用されます。その中でも特に注目の化粧品をピックアップ!

肌ダメージに「修復力」を
エスティ ローダーの美容液
アドバンス ナイト リペア SR コンプレックス

DNAテクノロジーの先駆者が着目したのは「時計遺伝子」と肌本来が持つ修復酵素「AGT」。ロングセラーのナイト リペアがエイジングケアの美容液として進化。50mℓ¥13,125／エスティ ローダー

遺伝子研究を経てたどりついた、肌の抵抗力を制御する「ARE」という細胞内の管制塔に着目して開発された、肌の基礎体力をあげるパワースキンのための美容乳液。¥15,750／マックス ファクター

「肌の力」を進化させる
SK-IIの美容乳液 スキン シグネチャー

加齢や紫外線などでたんぱく質と糖が結びつく、糖化反応によって生成される糖化物質「AGEs」にアプローチする画期的な理論の高機能クリーム。リフトアップと透明感をかなえる。¥33,600／ポーラ（医薬部外品）

エイジングケアは「抗糖化」へ
ポーラのクリーム B.A ザ クリーム

「肌老化」の
プログラムを研究
シスレーの
ナイトトリートメント
スプレミヤ

老化を遅らせる研究の結果生み出された、肌の再生に重要な時間帯である夜に使用するスキンケア。長寿たんぱく質に注目し、肌自体の防衛機能を強化する。¥78,750／シスレージャパン

若さの源を「再活性」
ランコムの美容液
ジェニフィック

遺伝子活動の変化に注目して、日本女性のためだけに開発された、若い肌特有のたんぱく質の生成を助ける美容液。¥10,500

細胞の「抵抗力」をつける
ナイトクリーム
セクレド ヴィ ニュイ

抗糖化の有効成分を配合したナイトクリーム。¥57,750／ランコム

―― 第4章 ――

極上のオンナへの階段は和の精神にあり

きものは心の宝です

帯をきゅっと締めたときの清々しい気持ち。日本女性ならではの感覚ですよね。
和の世界はとても奥深く、歴史や文化、文学、匠の技、
日本の伝統世界がきものにはいっぱい詰まっています。
私にとってきものは心の宝。一生大事にしていきたい世界です。

IKKO Kimono

池田重子先生ならではのセンスをIKKO流に着こなす

うぐいす色の無地のきものに、アンティークのきものから短冊の柄を切り継ぎし、その上に刺繍を施して訪問着に仕立てたもの。鳳凰や橘など吉祥の織り帯を合わせて重厚な装いに。大ぶりの珊瑚の帯留めもアンティーク。

深紫色の縮緬地に宝尽くしの文様をパッチワークのように切り継ぎした訪問着。松に七宝のおめでたい白地の帯で優雅な装いも、黒いレースの手袋で遊びを入れてIKKO流に。

撮影協力／バックグラウンズ ファクトリー（P.64～67）

これも縞のきものに南蛮趣味を思わせる物語調の模様を切り継ぎした池田先生の作品。黒地の文字模様の帯に紫の帯揚げを効かせ、蹴出しを裾からのぞかせてIKKO風の装いに。

生き生きと大きく描かれた白鷺に銀糸で籠目が配された絽の夏きもの。和歌が織り込まれた変わり織りの紗の帯を斜めに締めて、観世水の銀の帯留めで雰囲気をつけた着こなし。

撮影協力／EASE PARIS

四季を通じて
きものを楽しむ心は
大人の女ならでは

目上の方との対談や文化的な内容の
取材のときには、よくきものを着ています。
季節感や和の文化を取り入れて
着こなしを楽しめる
日本人ならではの美意識が素敵です。

浴衣感覚で着る
都会的な大人の夏きもの

裾に配された竹の葉と上前の竹模様との片身がわりのデザインが粋。銀糸で幾何学模様を表した黒い帯を合わせて、おでかけ浴衣の感覚でシャキッと着たい夏の絽のきもの。

甘くなりがちな桜文様を
モダンにする片身がわり

藤色とグレー地に桜の花びら模様の片身がわりのきものは、シボの違う縮緬地。黄緑から藤色のぼかし染めの帯には桜や藤など春から初夏にかけての花々が刺繍されています。

しっとりと装う趣向を凝らした訪問着

前出（P.64）のうぐいす色のきものに合わせる帯を白地の刺繍帯に換えると、すっきりと上品に。御所車と秋の花々の刺繍帯は、タレに配された花菱の金糸が効いています。

江戸情緒のある洒落小紋は姐さん気分で

市松やうろこ模様の歌留多を小紋柄にしたきものに、写楽、歌舞伎模様の銀地の帯で洒落た取り合わせに。着るときは、帯揚げや半襟にも遊びを入れて面白味を演出します。

めのうの紅葉と、宝玉を
組み合わせた特注品。

生き生きとして愛らし
い練り物の椿の帯留。

軽やかに泳ぐ金魚は大
人の浴衣にぴったり。

帯留の匠の技に魅せられます

池田重子先生や京都のてっさい堂の貴道さんの
帯留を見せていただくたびに
その細工の精巧さとデザインの斬新さに惚れ惚れ。
ますますコレクションに熱が入りそうです。

花に囲まれたおしどり
が愛らしい彫金の帯留。

ほおずきを2種組み合わ
せて大胆に／てっさい堂

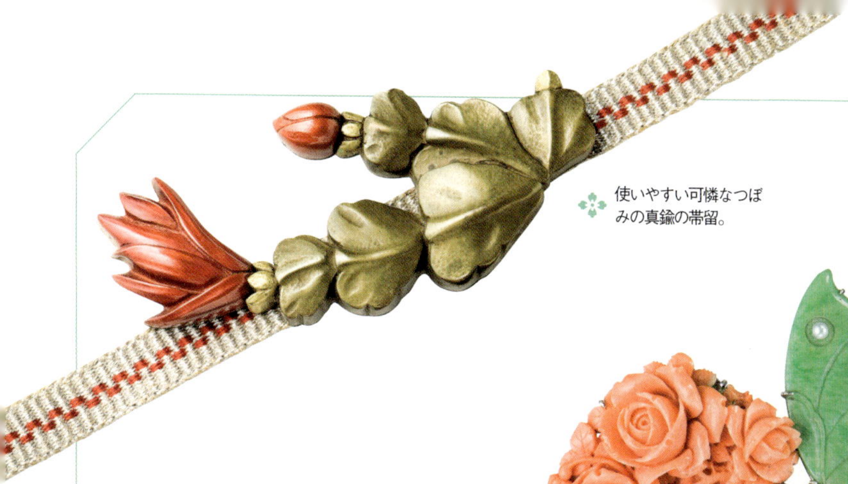

使いやすい可憐なつぼみの真鍮の帯留。

珊瑚の薔薇と宝玉の蝶を組み合わせた特注品。

菊の彫金が施された漆の帯留。

象牙のリアルな蟹が面白い帯留／てっさい堂

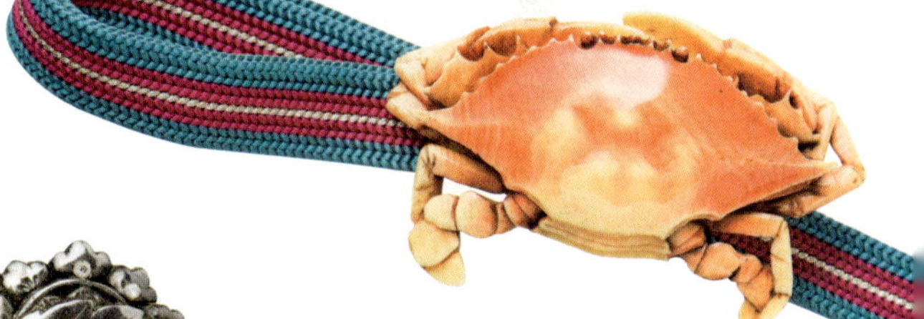

使い勝手のいい彫金の桐の花の帯留。

菊と薔薇の花籠は貴重な大ぶりの珊瑚の帯留。

IKKO流 振袖ワールド

晴れの日を艶やかに

振袖をプロデュースするようになって早5年、振袖にもIKKO WORLDを展開、
今年のテーマは温故知新。大正ロマンの気分だけどNew!　せっかくの晴れの日、今しかできないスタイルで、
自分らしくキュートに装ってみてもらいたくて、斬新なコーディネイトを提案しています。
ここでは最新のカタログからその一部をお見せします。振袖を着ることが、
きもの世界へのきっかけになればいいなと、そんな思いを込めて。

モデル／Agatha　写真／池谷友秀　協力／関芳

白地に真っ赤な紅葉と桜がちりばめられた印象的な振袖。ぽってりとした刺繍襟、帯と伊達襟に黒を効かせ、ふんわりと大きな髪型がIKKO流。

王道の真っ赤な振袖はお人形さんのように思いきり可愛く。赤いイヤリングやレースの手袋で今の若さをアレンジ。髪飾りも大ぶりに。

きもの世界への誘《いざな》い

——きもの世界へ導いてくれた池田重子先生へ

アンティークのきものの魅力を世に広め、その素晴らしいコレクションから伝統の技を語っておられる池田重子先生は、私のきものの師です。

池田先生のきものの撮影に、私がヘアメイクとして撮影現場でお会いしたのがきっかけで、本当にいろいろと教えていただきました。どんな仕事もそうだと思いますが、きもののヘアメイクは特に、そのきものの格調の高さや、本来どんなシーンでどんな立場の方が着るものなのか、そういう背景が分からないと、完璧な仕事はできません。当時それほど知識のなかった私に、たくさんの素晴らしいものを見せてくださり、親切に優しくご指導くださいました。

今、きものは凛とした私を表現したいという思いを伝えるための大事なアイテムになっています。

池田先生から時々「IKKOちゃん、ちょっと面白いものを作ったわよ」とお電話をいただくと、それがどんなきものか、少しお話を聞いただけで想像が膨らんで、早く見たい！ 早く着たい！と思ってしまいます。池田先生の創造力、斬新なアイデアは衰えを知らず、いつも、見たことのないようなきものや帯を作られて、本当にワクワクします。

池田先生と出会わなかったら、私がこれほどきものを好きになったり、帯留やかんざしを集めようと思ったりしなかったかも分かりません。きもの世界へ導いてくださった池田重子先生に敬意をもって心から感謝申し上げます。

男も女も、人に見られていることが大切

——カメラマン富田眞光さんと女性の美を語る

この本のグラビアページを撮影してくださった、IKKOさんが最も尊敬するカメラマン富田眞光さん。美について語るお2人の会話に潜入しました。

IKKO×
Masamitsu Tomita

ＩＫＫＯ　この本のために富田先生に撮影していただけて、本当にうれしいです。私、メイクが苦手だった若い頃、先生が撮影した当時の一流化粧品会社の、完璧な仕上がりの広告写真を日夜研究していたんです。

富田　いやあ、こちらこそ今回のＩＫＫＯさんの撮影はとても楽しかったです。どうしたらキレイに見えるか、プロのモデル以上に分かってて。きちんとした美意識を持たれているのでポーズに迷いがないですよね。

ＩＫＫＯ　ありがとうございます。モデルさんのような体型でもないし、美人でもないので、そこはもう努力と創意工夫なんです。ヘアメイクとして撮影現場の裏方をやっていたことは、役立っているかもしれません。

富田　ＩＫＫＯさんはメイクという、年齢肌をカバーしたり、細く見せたり、という技術をお持ちですよね。カメラマンにとってはそれが「ライティング」なんですよ。

ＩＫＫＯ　なるほどー。写真に撮られることは私にとって重要で、撮られた姿を客観的に見ることによって、目標ができるんです。例えば二の腕が太くなったなと思ったら、ウォーキングのときにいつもより腕を大きく振るとか…。

富田　人間見られてないとダメな部分もありますよね。機会あるごとに写真を撮る、動画に映る、というのは今の自分の姿を知るきっかけになるはずなので、皆さんもっと写真を撮るといいと思いますよ。ＩＫＫＯさんのように世の中の女性みんながあきらめなければ、ほんとはもっと美しい人がいっぱいいるはずです。

ＩＫＫＯ　そうなんです。この本でそんなメッセージが伝わるといいなと思っているのですが、まず何からだと思いますか？

富田　やっぱり笑顔ですね。表情が悪いだけで老けて見えますからね。笑っていればしわも可愛い。笑顔が素敵な人はそれだけですべて許せてしまいます。

ＩＫＫＯ　まさしく。私も笑顔こそが幸せへの切符だと思っています。今日はありがとうございました！

Salon&Clinic

行きつけのサロン&クリニック その❷

カラーリングしたヘアも
頭皮ケアでうるうるよ

山﨑伊久江美容室
渋谷店

ベリーショートにして改めて思ったんだけど、ハリや潤いのある美しい髪って健康な頭皮があってこそ、なのよね。山﨑伊久江美容室が推奨するヘアエステ"ベル・ジュバンス"は、いつ来てもマッサージがうっとりするほど気持ちよくて、髪が元気を取り戻したのを実感できるの～。

DATA

●東京都渋谷区渋谷1-24-6 マトリックス・ツービル3階 ☎03-5778-1616 ㊫10:00～18:30 金土祝～19:30 いずれも最終受付(ヘアエステは18:00まで 金土祝は18:30まで) 無休 ●料金：例／ヘアエステ フリー席ショート¥5,775～ ロング¥7,350 など

健康な美しい髪の毛をキープするために理想的な頭皮の状態は、弱酸性。ベル・ジュバンスは、例えばパーマでアルカリ性に傾いてしまった頭髪も、理想的な弱酸性の状態に戻してくれるの。

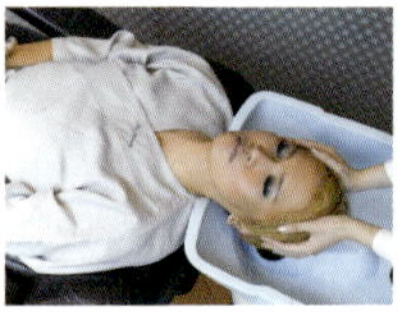

髪を美しく輝かせてくれるのは
極上のカット&カラーリング

DaB (ダブ)
omotesando

どんなにツヤのある美髪でも、伸ばしっぱなしの野放し状態じゃ美しさは半減よね。私も明るい髪色にしてからは、こまめにDaBでカット&カラーをお願いしてるの。DaBは、ウォールアートや吹きガラスでデコレートされた鏡があって、まるでギャラリーみたい。ヘアサロンにいる時間って結構長いから、居心地のよさも重要よね。

DATA

●東京都渋谷区神宮前5-2-6 コロネード神宮前1-3階 ☎03-5778-4700 ㊫11:00～21:00 土10:00～20:00 日祝10:00～19:00 ㊡火(祝日の場合営業) ●料金：例／カット&カラー¥13,650～ など

"IKKOボブ"の生みの親。
技術もホスピタリティもピカイチよ

Lucé (ルーチェ)

オーナーの美甘さんとは昔からの長いお付き合い。皆さんからもご好評をいただいた"IKKOボブ"は、彼の手によるものよ。サロンはアットホームな雰囲気で、いつも癒されっぱなし。お店はこぢんまりとしているけれど、おもてなしの心が感じられる素敵なサロンなの。

DATA

●東京都港区北青山3-14-4 イズミビル1階 ☎03-3406-8855(要予約) ㊫11:00～21:00 ㊡火、第1・3の月(祝日の場合営業) ●料金：例／トリートメントブロー¥7,500(ロング¥8,500)、カットトリートメント¥11,500(ロング¥12,000) など

― 第5章 ―

健やかでなければ美は宿らない

自己管理は食と運動

美は健康であってこそ。毎日の食事が大事よね。
芸能界のお姉さん、奈美悦子さんに雑穀米の素晴らしさを教えていただき、
お世話になっている方々からおいしいものをいただくうちに「食」に目覚めた私。
先生についてレッスンしているモデルウォークとダンスの様子も見てね。

うちの定番料理大公開

IKKOの手料理
召し上がれ♪

意外かもしれないけど、
料理の手際のよさは自慢なのよ。
体のことを考えて
できるだけ家でご飯をいただきます。
簡単で、栄養バランスばっちりの
私の定番料理を公開するわ!

人気テレビ
番組でも披露
したのよ～♪

こんにゃく入りの低カロリーな雑穀ごはん

こんにゃくごはん

昆布（5×10cmくらい）を水に1時間ほどつけ、沸騰直前まで火にかけ昆布だしをとる。昆布は取り出して千切りにする。スライス干ししいたけ10gは水で戻す。糸こんにゃくは軽く茹でて水を切り、3cmくらいに切る。白米1カップ+15穀ブレンド1カップ+胚芽押麦1カップに、昆布だしとしいたけの戻し汁を合わせただし汁2と1/2カップ（足りなければ水をたす）と酒、しょうゆを少々加え、その上に千切りにした昆布、戻したしいたけ、糸こんにゃくをのせて炊飯器でふつうに炊く。炊き上がったら全体を混ぜ合わせ、お好みで塩昆布とごまをかけていただく。

チゲ味噌汁

煮干とかつおのだし汁に白だしを少々加え、スライスした玉ねぎと戻したスライスしいたけを入れて火にかけ、アクをとる。玉ねぎに火が通ったらキムチを加え、赤味噌と白味噌で味を調えて、仕上げに斜め切りにした白ねぎを加え、ひと煮たちしたら出来上がり。

大好きなキムチで、味噌汁もキムチ味

いくらでも食べられるさっぱりナムル

野菜のナムル

玉ねぎ（1個）は薄くスライスして、ほうれん草（1束）はさっと茹で、それぞれ冷水にさらして水を切る。もやし（3～4袋）も軽く茹でる。ボウルに入れて混ぜ、ごま油、味玉（ウエイユー/中華スープの素）、塩、コショウで味を調える。よく冷やして食べるとおいしい。

これは欠かさない!

IKKO キッチンストック品

発芽玄米、大麦、黒米など15種類の穀物入り「おいしい15穀ブレンド」¥458、生命力いっぱいの胚芽を残した「胚芽押麦」¥328（東急ストア、相鉄ローゼン、東武ストア等全14社で取り扱い）

白米と一緒にブレンド

塩のうまみが絶妙。16種の雑穀入りで白米に混ぜて炊くだけ！「塩雑穀米」¥840（問）とんでんなか 0120-580-359

奈美悦子さんのオリジナルよ

香味野菜をおかずにしてみました

みょうがとらっきょうのおかかかけ

みょうがは斜めに薄切り、塩らっきょうはみじん切り（または薄切り）にして混ぜ、鰹節をかける。そのままでもおいしいし、お好みでしょうゆかぽん酢をかけていただく。

苦みのある野菜も積極的に食べています

ゴーヤと卵の炒め物

ゴーヤは薄く切って電子レンジに2〜30秒かけてから油で炒め、味玉（ウエイユー）とめんつゆで味をつけて、溶き卵を回し入れる。軽く塩、コショウをふり、味を調える。

ビール好きの人に作ってあげるおつまみ

豚バラ肉のソテー

豚バラ肉のスライスは、酒、しょうがとにんにくをすりおろした汁、しょうゆ少々で下味をつけ、片栗粉をまぶしてフライパンでソテーする。器に盛り、焼肉のたれをかけて万能ねぎを散らす。

IKKOキッチンストック品

上沼恵美子さんにいただいたのがきっかけ。「まつのはこんぶ」2本入り1箱¥8,400㊫花錦戸 0120-70-4652

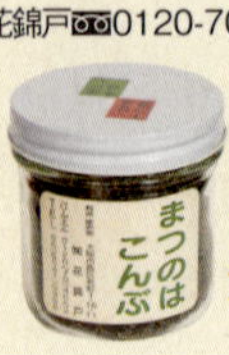

高級こんぶで味わいもアップ

ついついあとひくおいしさがお気に入り。「味もみのり」¥315（数量限定品）㊫小浅商事福岡支店☎092-291-0836

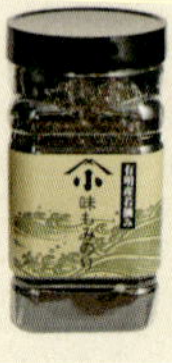

最近はまっている味付けのり

風味が豊かな国産のごま。何かとよく使います。「いり胡麻」黒・白各¥525㊫みたけ食品工業☎048-441-3420

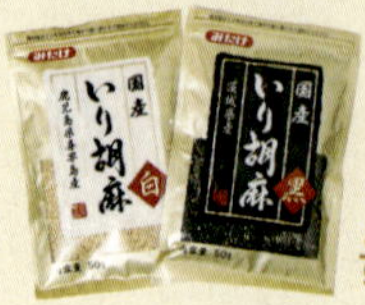

体にいいゴマもよくいただきます

バラ肉を使うので甘い風味の肉じゃがに

豚バラ肉の肉じゃが

糸こんにゃくと豚バラ肉を炒めてめんつゆ少々で下味をつける。乱切りのにんじん、じゃがいも、くし形に切った玉ねぎを入れてさっと炒め、かつおだし、みりん、しょうゆを入れ、材料に火が通って汁が少なくなるまで煮る。器に盛り、茹でた絹さやを飾る。

繊維質のれんこんはきんぴらにして常備

れんこんのきんぴら

れんこんは、いちょう切りにして水にさらしてアクをぬく。水切りして油で炒め、砂糖、みりん、かつおだし、しょうゆを入れて味がしみるまで炒め、最後にごま油を回しかける。風味が飛ばないうちに火から下ろして、茹でた絹さやを飾る。

撮影スタジオにお弁当を持っていくこともしばしば。
エプロン協力／ル・タブリエ

食卓のひと味に柚子の風味を

好きな鍋物には欠かせません。うどんや蕎麦などにも。「ゆず七味」¥850問松月庵☎044-266-0458

明日の活力ににんにくパワー

にんにくのしょうゆ漬け「スタミナにんにく」¥525も「焼きねぎ味噌にんにく」¥630も福岡の温泉宿で食べて以来お取り寄せ。問大成物産 朝倉御菓子処 あさくら堂☎0946-52-0066

大量買いのご指名キムチ

リーズナブルでおいしい「宗家キムチ」がうちの定番。400g¥398問マルキュウ☎03-3559-1061

おいしいもの教えて!

IKKOさんちのお取り寄せ

日本全国各地を飛び回り、
広い交友関係を持つIKKOさんに、
お取り寄せできるおいしいものを
こっそり聞き出しちゃいました。

コンディトライ バッハマンの ドレスデン風バウムクーヘン

オリジナルブレンドのスパイスがアクセントのバウムクーヘン。1台¥2,500 ㊢コンディトライ バッハマン／神奈川県平塚市花水台23-23 10463-33-5363 http://www.rakuten.co.jp/bachmann

井グチの福つゝみ

秘伝の、紀州の南高梅の梅干を道南産の真昆布でくるんだ、お茶請けにぴったりの味。7粒入り¥1,000 ㊢井グチ／和歌山県日高郡みなべ町西本庄1224 0120-197832 http://www.ume1.com

いけむね果樹園の清水白桃

岡山ロイヤルホテルの岩崎さんにご紹介いただいたおいしい桃。こだわりの特選大玉6～7個入り（約2キロ）¥5,250（季節限定）㊢いけむね果実園 ☎086-284-5333

すやの栗きんとん

厳選された栗と砂糖だけで炊き上げた素朴で上品な栗菓子。6個入り¥1,365（期間限定）㊢すや／岐阜県中津川市新町2-40 0120-020780 http://www.suya-honke.co.jp

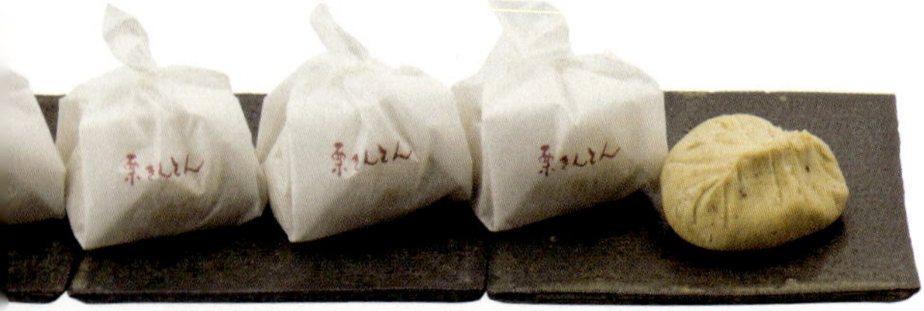

モンシュシュのぼくのプリン

炭酸ミストの福田社長に教わって以来の大好物、堂島ロール。お取り寄せならプリンがおすすめ！ 4個入り¥1,260 ㊢モンシュシュ／大阪市北区堂島浜2-1-2 ☎06-6343-1616 http://www.mon-chouchou.com

地元 福岡編

卵家《らんや》のカステラ

昔から応援してくださっている九州の美容家・丸尾先生にいただいたのがきっかけ。1個売りの縁は¥210。贈答には卵専門店ならではの有精卵のカステラ「大地礼讃」¥2,625（木箱入り） (問)卵家／北九州市小倉南区湯川4-3-11 ☎0120-511522 http://www.ranya.co.jp

三日月屋のクロワッサン

よもぎやメープル、ごま、きなこなどクロワッサンのバリエーションが豊富。よもぎ1個¥200 (問)三日月屋空港店／福岡空港第2ターミナルビル2階 ☎0120-229683 http://www.mikadukiya.com

稚加榮本舗の明太子

料亭ならではの、辛さ控えめで優しい上品な味がお気に入り。化粧箱入り辛子明太子（184g）¥2,310など (問)稚加榮本舗／福岡市中央区大名2-2-19 ☎0120-174487 http://www.chikae.co.jp

魁龍のとんこつラーメン

とんこつが苦手な人にはおすすめしない、本場のとんこつラーメン。魁獣みそはごはん・野菜・マヨネーズと相性よし。宅配ラーメン生タイプ4食入り¥2,720など、魁獣みそ¥630 (問)魁龍博多店／福岡市博多区東那珂2-4-31 ☎092-483-4800 http://www.kairyu.co.jp

福岡に行ったらコレ食べてみて♥

ホテルニューオータニ博多のフレンチトースト

福岡の朝ごはんの定番よ！「フレンチトースト」¥900（コーヒーセット¥1,300）1階カフェ＆レストラングリーンハウス、7:00〜16:00までのメニュー。(問)ホテルニューオータニ博多 ☎092-714-1111

美しいウォーキングも激しいダンスも

“レッスン”が大事

この日は大事な本番を控えて、数時間に及ぶ徹底的なレッスン。その成果はこんなに美しいキメポーズ！足長に見えるでしょう？

神戸コレクションを前に
ウォーキングの特訓

Walking Lesson

8月末に行われた「神戸コレクション2009」。第3ステージのシークレットゲストとしてランウェイを歩くことになった私。それまでも全国30ヵ所を回ったツアー『IKKO WORLD』やディナーショーなどでウォーキングを披露してきましたが、ウォーキング・ポージングスタイリストの清水春名先生には定期的に教えていただいています。美しい歩き方、立ち姿は女性らしさの基本ですよね。常日頃から姿勢をよくすることを心がけるだけでスタイルがよくなります。

私が清水先生に教わっているランウェイでのウォーキングのポイントは、

○出す足の速さと送る足の速さは同じにならないようにクイックスロー、クイックスロー
○足は交差するくらいの位置に歩幅を大きく着地
○手は後ろを大きく。後ろで一瞬止めるように
○そのとき風を感じる気分で胸を張る
○キメポーズは上体を45度にひねって骨盤を意識

といった感じ。

Dance Lesson

いつもの曲もアレンジによって振り付けを変えたりしています。この日は敬愛する朱里エイコさんのダンスにインスパイアされて、Ken-J先生と新しい動きを研究してみたわ。どお？

私のライブに欠かせない踊りは、日常的にレッスン

レッスンだって真剣そのもの

立ち方次第で美脚になれます

読者のために、清水先生に足が細く見える立ち方を教わりました！膝を重ねて前足のかかとを浮かせると…ほらこんなに美脚、足長に。「鏡の前で自分の姿を研究しましょう」

音楽に合わせてリズムを感じながらウォーキングするのは、なかなか大変なのですが、美しい清水先生を見習って、練習、練習！です。

もう一つ、欠かさずレッスンしているのがダンス！コンサートの最後で歌って踊って！がIKKO流なので、本番用の18センチヒールを履いて、見ていただく方に楽しんでもらえるように、時間を見つけてはレッスンしています。ポージング&振り付け師の田中文人先生に私のデビュー曲「どんだけ～の法則」を振り付けしてもらったのが、ダンスを習うきっかけに。新曲DVD「ウルトラアゲ♡アゲ♡Dancing」でも思いっきり踊っているので見てくださいね。3年前はダンスのダの字もできない私でしたが、これも努力。まだまだ鍛錬中ですけど、最近は少しずつ私なりの踊りがちょっと、できてきたかな、と思います。

この日レッスンを受けたダンサーのKen-J先生には、アラフィフ世代向けにお腹と二の腕のエクササイズ（P.48～）を考えていただいたので、参考に！

体からのSOSに
応えてくれる心強い味方です

川井鍼灸院

40年以上の長きにわたり、たくさんの患者さんを救ってきたカリスマ鍼灸師、川井健董先生。腰痛持ちの方はもちろん、糖尿病や高血圧の患者さんも多く治療に訪れるんですって。鍼って奥が深い。

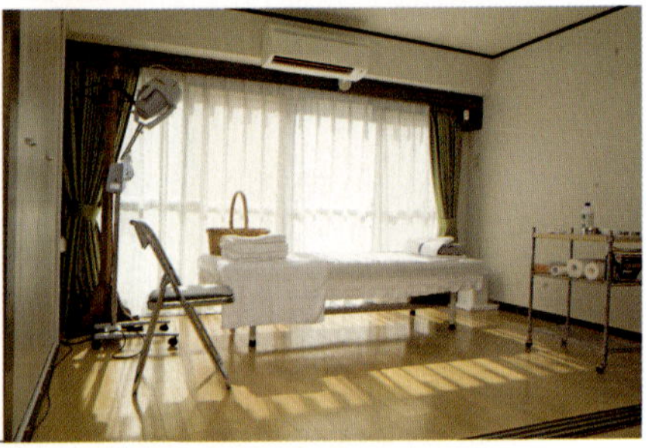

どんなに気を付けていても、日頃の疲労に体調不良が重なると、自分でも可哀想になるくらい体が悲鳴を上げているときがあるの。そんなとき必ず頼りにしているのが川井鍼灸院の川井健董先生。「もうダメ」っていうくらいつらいときでも、先生の鍼(はり)治療を受けるとすぐに体が楽になって、スキップしちゃうくらい元気になれるの。某元総理をはじめ、全国から多くの患者さんがいらしてるのもうなずけるわ。

DATA

●東京都港区六本木7-17-22 ＃211 ☎03-3405-9240(要予約) 診9:00〜18:00 休日祝 ●料金：例／鍼治療¥15,000〜 など

プロのアスリートもご贔屓
ニンニク注射で体調管理

平石クリニック

薬を飲むような病気じゃないけれど疲労が溜まって元気が出ないときは、平石先生オリジナルのニンニク注射が心強い味方。疲労物質の乳酸を分離させると同時にエネルギー代謝を促進するビタミンB群やグリコーゲンが配合されていて、体のコンディションを整えてくれるの。

DATA

●東京都港区六本木7-15-7 新六本木ビル4階 ☎03-3401-7711 診月火木金9:00〜13:00、15:00〜19:00 水9:00〜13:00 土9:00〜12:00 受付は終了30分前まで 休日祝 ●料金：例／ニンニク注射(ビタミンC入り)は初診¥4,500〜、再診¥2,400〜 など

……… 地元でお世話になっています ………

愛すべき地元・福岡の
かかりつけクリニック

ももち浜クリニック

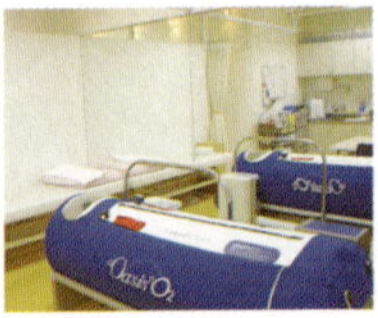

人気のある点滴のメニューは、リラックスして受けられる専用の個室を用意しています。場所は、福岡ドームや福岡タワーなどの近くだから、福岡観光でお疲れのときなどに、ぜひ利用してみて。

福岡に帰っても、お肌や体が不調を訴えていたら内科クリニックで即効レスキュー。睡眠不足や疲労がたまっているときはにんにくMAXスペシャル注射、肌がボロボロで化粧のノリが悪いわ〜と思ったらプラセンタビタミンプレミアム点滴と、そのときの状態に応じて先生にお願いしています。

DATA

●福岡県福岡市早良区百道浜1-7-4 ツインズももち イーストウイング2階 ☎092-846-0022 診9:00〜12:00、14:00〜17:00 休土日祝 ●料金：例／にんにくMAXスペシャル注射¥5,000〜、プラセンタビタミンプレミアム点滴¥10,000〜 など

— 第6章 —

自分なりのパワーの源を見つけて

韓国は心のエネルギー

韓国が好きになったのは、韓流ドラマの影響なの。
情熱的な人物像、めまぐるしく変わる展開にはまってしまって、韓国好きに。
今では私のパワーの素です。食べ物もおいしいし、
今回、韓国の女性のお肌のキレイさの秘密を探るべく、ソウルへ！

美肌王国
韓国を訪ねて

オモニに聞く美肌の秘訣

年齢を聞くとびっくりするほど
ツヤツヤで透き通る肌を保っている
オモニ代表、キム・ヨンジャさん。
“いつまでもキレイ”の秘密を
探るべく、IKKOさんとオモニが
日韓美肌対談を行いました。

盛り上がった、日本の美のカリスマと韓国の美肌マダムの対談。ずっと美しくありたい女心に国境はありません。

IKKO　オモニの肌がとても美しくて、本当にびっくりしたんです。失礼ですが、おいくつなんですか？

オモニ　ふふっ、64歳です。

IKKO　え〜本当に!?　お肌に触れてもいいですか？（肌に触れるIKKOさん）いや〜ん、すべすべ。どうしたら、こんな肌になれるのかしら？

オモニ　ありがとうございます。でも子育て真っ最中の20〜30代は、自分に手をかけるヒマが全くなくて…。美肌ケアを始めたのは43歳からなんです。この年齢になって思うのは、少しずつでもコツコツ続けることが大切なんだな、ってことね。

IKKO　全く同感です。私も毎日2時間以上ウォーキングをしています。それに時間が作れるようになって、自分をいたわりたい気持ちが湧いてきた40代に入ってから、オンナ磨きを始めました。

オモニ　まぁ素晴らしい！　でも私の年齢になると無理は禁物なのね。ランニングやエアロビクスなどの有酸素運動を毎日30分はしているけれど、それ以上は難しい。だからこそ、日々お手入れできる韓国の伝統美容が、とても美肌に役立っているんです。

IKKO　どんなことを実践しているんですか？

オモニ　健康であることが美肌には一番大切。ですから、血の巡りをよくするお手入れや食事が必須なんです。韓方食材を使ったデトックスメニューはよくとっていますね。

IKKO　レシピが知りたいです～！

オモニ　IKKOさんになら、もちろん何でもお教えしますよ（P.92～96参照）。

IKKO　スキンケアは何を使っているんですか？

オモニ　化粧品よりも、自然素材のコスメを作ることが多いですね。洗顔やパックは、もっぱら自家製。ツルツル肌の秘訣はこの美容法かしら（P.90～91参照）。

IKKO　見習いたいわ～。私は仕事が忙しくて、ちょっとでもケアができないと、肌があれたり太ったり、外見に表れちゃう体質。それに緊張感が続くことが多いので疲れてしまって…。お手入れしていても、それだけでは足りないこともあるんです。

オモニ　緊張感を持つことは美肌や健康には、とても大切ですよね！忙しくても、できることから始めて、それがクセになってくると、お手入れしないと心が落ち着かなくなってしまうのよ（笑）。それに好きな仕事や、好きな趣味を持って人生を楽しんだほうが、女性の美しさには絶対的な効果があると実感してます。忙しいでしょうけれど、IKKOさんも頑張って！

IKKO　人生の先輩から、心強い発言をいただいちゃったわ。それにしても、オモニをはじめ、韓国の女性は皆さん美しいですよね。何か秘訣はあるんですか？

オモニ　韓国の女性は、みんな自分なりの充実した人生が送れるよう、努力していますね。だから自分への美への投資も手間も惜しみません。自分へ手をかけているという充実感は、確実に肌に表れると思っています。あとは、伝統美容を母から娘へと伝えているからかしら？

IKKO　いいですね～。私も伝授してもらいたいです♥

韓流おウチ美容にその秘密がありそう!?

ＩＫＫＯ　オモニが毎日実践しているおウチ美容法は何ですか？

オモニ　毎日同じケアではなくて、その日の肌の調子や、季節によって変えているんですよ。ＩＫＫＯさん、きゅうりパックはご存知ですか？

ＩＫＫＯ　知ってますよ～。垢《あか》すり店などでも有名ですよね？

オモニ　韓国の女性がきゅうりパックをするのは夏が多いんです。日光を浴びてしまった肌を鎮静化して、肌に透明感を出す効果があると知られています。

ＩＫＫＯ　きゅうりの旬は夏ですよね？

オモニ　するどいですね！　そうなんです。韓国のおウチ美容は、旬の素材を使ってケアすることが多いんですよ。旬の食材は食べてもいいけれど、パックをしてもとてもパワーを発揮してくれるの。私の夏のお手入れの定番は、きゅうりパックをしながら、デトックス効果のあるきゃべつジュース（P.95参照）を飲むこと。外と内のケアを一緒にすることで、翌朝の肌のもっちり感が違うのよ。

ＩＫＫＯ　伝統美容は理にかなっているんですね～。高麗人参などの生薬も使われるんですか？

オモニ　ええ。日本では『漢方』と言うことが多いかもしれないけれど、これは中国の生薬のこと。韓国の伝統生薬は『韓方』と言います。高麗人参はその代表。でも肌のお手入れには『トラジ』がいいんですよ。

ＩＫＫＯ　『トラジ』？

栗の皮のパックの作り方

韓国のスーパーなどで売っている栗の皮のパウダーをスプーン7～8杯、そこに牛乳スプーン4杯、ハチミツ2杯、米ぬか2杯、炒ったハトムギ2杯、卵の黄身1個分を入れ、ドロンとしたとろみが出るまでかき混ぜます。とろみが足りないなら、栗の皮のパウダーの量を調整しましょう。栗の皮のパックを顔やデコルテなどに伸ばし、完全に乾くまで20～30分そのままに。その後、ぬるま湯で洗い流してください。

トラジパックの作り方

韓国に多く見られる韓方市場や食材市場で購入できるトラジ（キキョウの根）を、1本分すりおろします。そこにつなぎとして小麦粉をスプーン1杯（小麦粉がなければ粉ならなんでもOK）、ハチミツを3〜4杯入れて、なめらかになるまでかき混ぜます。パックを肌にのせたら、乾くまで20〜30分置いて。その後、ぬるま湯で洗い流します。整腸効果のあるサポニンを含むトラジ特有のクセのあるニオイが、美肌に効きそう!?

オモニ　キキョウの根のことです。韓国では『トラジ』が大変メジャーな食材なんです。キムチにしたり、ナムルにしたり、みんな大好き！　この『トラジ』でも、よくパックを作りますね。

ＩＫＫＯ　どんな効果があるんですか？

オモニ　美白と保湿効果があると言われています。20分くらいパックして洗い流すと、透明感のあるツヤ肌になれるんです。あとは日々の洗顔で美白と保湿をかなえるお手入れとして『米ぬか洗顔』もおすすめ。米ぬかをお水でのばすだけなので、とても簡単。くるくるとマッサージするように洗顔すると肌のキメが整うんです。手軽なので、若い女性もかなり実践していますよ。

ＩＫＫＯ　米ぬかは日本でも美容に使われます。美肌にいいものは、各国共通なのね〜。

オモニ　ＩＫＫＯさんにおすすめなのは『栗の皮のパック』です。お肌がすべすべになりますよ。ぜひ試してみてください！

ＩＫＫＯ　栗の皮の美容法なんて、初めて聞くわ〜。（手に広げてみると）スーッとする。のせた瞬間に肌がひんやりと引き締まる感覚がありますね！　このままパックが乾くまで20分くらい置けばいいの？

オモニ　うふふ。楽しみだわ。このパックは密封しておけば3日間は保存が可能なの。顔全体からデコルテまでたっぷり使ってくださいね。私もこのパックが大好きで、夏のダメージを受けたお疲れ肌のケアによく使っているんですよ。

ＩＫＫＯ　（20分後に洗い流すと）あら！　ハリが違うわ。肌色も明るくなってる。スゴイ即効性に驚き〜。これで毎日お手入れすれば、オモニの美肌に近づけそう。栗の皮も、トラジも、米ぬかも、絶対トライしなきゃ（笑）。韓国女性のキレイへの手のかけ方、本当に勉強になります！

韓流おウチご飯も美肌のもと⁉

IKKO　私、韓国料理が大好きで、普段のメニューにも多く取り入れているんです。

オモニ　うれしい。韓国料理は〝キレイに効く〟ので日本の女性にもおすすめですよ。韓国料理というとお肉のイメージが強いかもしれないけれど、家庭料理では実はお野菜が中心。韓国人が毎日食べているキムチは、白菜と魚介を漬け込んでいるので、とてもバランスのよい副菜なんです。このように野菜をたっぷりとる食習慣も、韓国女性の美肌のもとだと私は思っています。

IKKO　オモニがいつも食べている美肌料理のレシピを覚えて、日本でも作りたいわ～。とっておきを教えてください。

オモニ　チゲは好きですか?

IKKO　大好き～♥

オモニ　そうしたらヘルシーな納豆チゲを覚えていってください。美肌に効果的ですよ。

IKKO　納豆って、韓国にもあるんですか?

オモニ　大豆をわらに包んで発酵させている韓国特有の味噌なんですけれど、日本の納豆ととても風味が似ているんです。この味噌は『チョングクジャン』と言って、韓国の家庭料理ではよく使う食材。この味噌を使った納豆チゲは、体内の毒素を排出してくれるので、お肌がツルツルになるし、大豆がしわの予防に働いてくれるんですよ。

納豆チゲの作り方

チゲ用の鍋に豆腐やネギ、白菜キムチ、牛肉など、好みの食材と水を入れて火にかけます。食材に火が通ったら、韓国味噌の『チョングクジャン』を入れて、味付けを。煮立ったら完成、の簡単な美肌料理です。納豆に似ているけれど、味もついている『チョングクジャン』。日本では手に入りにくい食材ですが、「私は納豆にお味噌やコチュジャンなどをミックスして、IKKO流納豆チゲで楽しんでいます」（IKKOさん）。ご参考に。

ほうれん草のナムルの作り方

茹でたほうれん草をお好みの大きさにカットして、ボウルに移しておきます。そこに一片のにんにくのみじん切りと、ごま油をたっぷりと回しかけます。塩で味の調整をしたら、最後に黒ごまをたっぷりかければ完成。オモニが使用したのは、韓国南部でとれるという丈の短いほうれん草。味が凝縮されていて、甘みが感じられる旬の食材です。日本食材でいうと、ちぢみほんれん草に味も形も似ています。

IKKO　毎日食べたい〜(笑)。確かに、納豆のニオイがしますね。どんなお味なのかしら?（味見をしてみて）コクがあるのに、しつこくない。サラッと食べられますね。納豆風味もチゲと合うのね。これ、日本でも作ってみます！　それとオモニ、本場のナムルを教えてほしいんですけれど。

オモニ　それでは旬(取材は冬)のほうれん草のナムルをお教えしましょう。肌あれに効果があるんです。

IKKO　韓国って、食と美が本当につながっているのね。

オモニ　ほうれん草のナムルは、お野菜そのものの栄養もあるけれど、ごま油や黒ごまなどお肌の再生にかかわる栄養もとれるんですよ。はい、味見してみて！

IKKO　ん!?　おいしい〜。ごま油が違いますね？

オモニ　でしょう？　市場で買っているのですが、深みがあってナムルの旨味を引き立ててくれるんです。

IKKO　食材市場って楽しそう♪　ほかにどんな美肌食材があるんですか？

オモニ　美肌パックで使ったトラジも売っているし、もちろん高麗人参もありますよ。ナツメなどの乾物や産地直送のお野菜も！　美肌の秘密は市場にも眠っているかも(笑)。IKKOさん、行ってみてください(P.97参照)。

IKKO　ぜひ！　オモニが食しているものは、すべて美肌効果があるものなんですね。意識の高さに脱帽です。そしていろいろお話を聞いている間に、オモニ特製の美肌ランチが完成。シンプルだけれどお野菜も栄養たっぷり。こんなにおいしくて、キレイにもなれるなんて、韓国料理にますます夢中になりました！

オモニのおウチの韓流美容食

日々の食事から、韓流美肌は作られています。
そこで、美容食に詳しいオモニがおすすめする
簡単にキレイになれる韓流美容食をご紹介。

ビタミンCが豊富で美肌に導く

みかんの皮茶

みかんの皮茶は、韓国ではスーパーなどでも手に入る身近な食材。ティーバッグになって売られているお手軽なタイプもあるので、そのままお湯を注いで柑橘のさわやかで豊かな香りの健康茶を楽しみましょう。乾燥したみかんの皮をそのまま使用しているため、ビタミンCがたっぷり含まれています。美肌効果や風邪予防、抗酸化作用によるアンチエイジング効果などが期待できるので、オモニもよく飲んでいるそう。

老廃物の排出を促しニキビなどを予防

ハトムギ茶

市販のハトムギの粉をスプーン2杯くらいカップに入れ、お湯を注いで粉をよく溶かします。ハチミツをお好みで入れて、甘さを足すと飲みやすくなります。日本でいう葛湯のようなとろっとした感じと味で、韓国ではニキビや吹き出物に効くと言われ、多くの女性に飲まれています。またデトックス効果があるので、代謝が悪く老廃物をため込んでいる便秘症などの女性が、ダイエット目的で飲むこともあるそうです。

体を芯から温め冷え性予防に

ナツメしょうが茶

乾燥させたナツメの実4～5個と、スライスしたしょうが一片をお鍋に入れて、そのまま約30分煮立てます。韓国では薬膳料理にも用いられるナツメの健康成分が溶け出し、しょうがのスパイシーな香りが漂うナツメしょうが茶は、冷え症の女性の体を温め、イガイガと乾燥するのどにも効果が。気温が低く、風邪を引きやすい秋から冬に欠かせない、生薬の健康茶です。お好みでお砂糖や松の実を入れて、飲みやすくしても。

たくさんのビタミンが
美肌のもとに

干し柿とくるみ

干し柿を開いてくるみを包んだ韓国の伝統おやつ。伝統茶のお茶請けとしても人気で、伝統茶カフェなどでも出されます。間食するならケーキやチョコレートなど動物性脂肪の多いスイーツよりも、このドライフルーツをとるオモニが多いそう。干し柿には美肌効果の高いビタミンAが凝縮されており、くるみの植物性脂肪には老化防止効果のあるビタミンEがたっぷり！ ハリのある若々しい美肌キープに最適な伝統食材なのです。

白髪予防や
老化防止に

黒豆

白髪にいいと伝えられ、古くから韓国の人々に好んで食べられている食材が黒豆。タンパク質が豊富で、ポリフェノールも含まれています。黒豆マッコリなんてお酒もあるほど、ポピュラーな豆類です。煮たり、ふかしたり、チゲにも入れたり、さらにはお菓子にも入れたり…。使い方は家庭それぞれ。韓国のおウチでは大量に常備されている健康食材なのです。オモニはお米と一緒に炊いて、雑穀米として出してくれました。

胃腸を保護し
体の中から健康に

きゃべつジュース

きゃべつ1/4個とお水100～150cc、ハチミツ大さじ1杯をジューサーに入れて、きゃべつジュースを作ります。繊維質たっぷりのヘルシージュースは、消化を助け、胃腸が弱っているときに大活躍します。内臓の働きを助けるので、ニキビなど内臓からくる肌悩みを根本からカバーする働きもあるそうです。IKKOさんいわく「ハチミツの代わりにローヤルゼリーを入れてもいいかも？ もっと美肌になれそうじゃない!?」。

美白にニキビ、便秘にも!

昆布揚げ

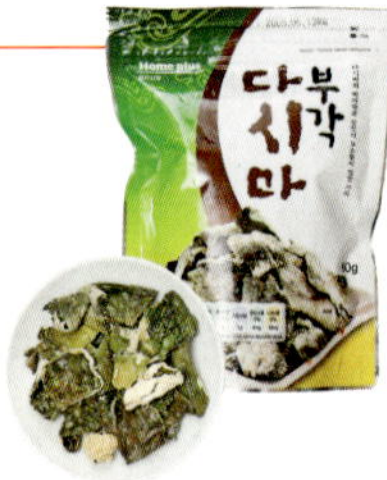

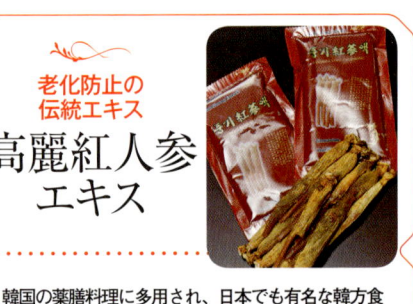

そのままパリパリっと食べられる昆布揚げは、韓国ではおかずの一つなのです。レシピは昆布に、溶いたモチ粉をくぐらせて油で揚げ、塩味をつけるだけ。昔は各家庭で作られていたそうですが、最近はスーパーなどでも購入できるようになり、常にストックしているようです。ミネラルや食物繊維が豊富な昆布を丸ごと食べられるので、便秘やニキビケアなどデトックス効果が。美白目的で食べることも。

老化防止の伝統エキス

高麗紅人参エキス

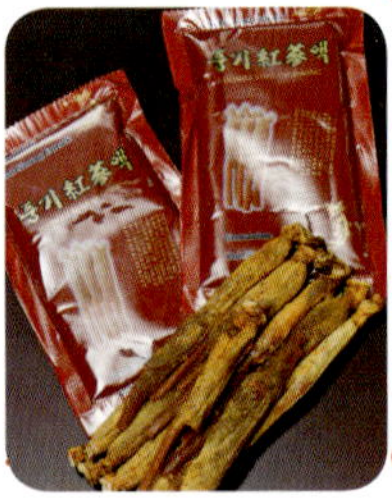

韓国の薬膳料理に多用され、日本でも有名な韓方食材である高麗人参。そのものを調理するのはハードルが高いけれど、エキスになっているものは手軽に取り入れられると、韓国の家庭ではよく使われています。お湯に溶かしてそのまま飲んでも、料理のスパイスとして使用してもOKな高麗紅人参エキス。滋養強壮作用で老化防止に、そして体を温める作用があるので、冷え症対策になるそうです。

むくみ予防ですっきり!

かぼちゃエキス

そのまま健康ドリンクとして飲むことが多いというかぼちゃエキス。私たちからすると、そのまま飲むという習慣に驚きですが、韓国女性の多くがダイエット目的のために取り入れることが多いそうです。韓国産の大きな西洋かぼちゃが原料で、実から抽出されたエキスは、むくみケアや便秘解消に効果があります。食べすぎ、飲みすぎで体のむくみの気になる人にもおすすめです。

デトックス効果が抜群

蓮根エキス

体内の老廃物のデトックス効果を求めて、韓国では蓮根のエキスをそのまま飲んでいるそう。温めたり、冷やしたり、季節によって使い方は変わりますが、料理などには使用せず、ダイレクトにエキスの効能を吸収させるようです。スーパーや専門店などで手軽に購入できるので、代謝が落ちたと感じている年代の韓国の女性にとっては、身近な健康食品といったところでしょうか。

買い物だけでなく、
韓国のパワーを
直接感じられますよ

韓国へ行ったら食材は市場で調達

オモニの料理や美容ケアにも多く登場した韓国美容食。お目当ての食材を手に入れるならぜひ韓国の台所『京東市場』へ!

地下鉄1号線、チェギドン駅を最寄りとする『京東市場（キョンドンシジャン）』。ここは韓方や生薬、調味料から野菜まで、何でも揃う市民の台所的マーケットです。入口付近から続く高麗人参やナツメなど、韓方の山に驚きながらも進んでいくと、今度は韓国各地から届く野菜がずらり！ 珍しい韓国野菜や食材を目にし、興奮冷めやらぬ取材班一行。日本人はほとんどいないため、ディープな韓国旅行としてもおすすめです。オモニのナムルづくりに登場したごま油を購入したIKKO担当編集。瓶の栓の弱々しさに不安を抱えながらも、キレイのもとを手に入れ大満足でした！

この唐辛子は辛いよ〜!

見たこともない大量のトウガラシが並ぶ。目が痛くなりそう!?

ナツメなどの乾物系韓方。産地や大きさなど、種類が豊富です。

コチュジャンのお店も発見！ これなら本場のチゲが作れそう。

お高い高麗人参も、交渉次第ではリーズナブルに購入可能かも!?

IKKO的
ソウルおすすめスポット

いつ訪れても熱い街、ソウル♥そんな活気が大好き。
たくさん掲載できないのが残念ですが
おすすめスポットを厳選してご紹介します。

梨泰院《イテウォン》

毛皮とレザーなら
ノースビーチ

必ずといっていいほど立ち寄っては品定め。デザイン、価格のバランスがいい毛皮とレザーのお店なのよ。
●ソウル市龍山区梨泰院洞119-11 ☎02·793·6098 ㊢9:30～21:00 無休

明洞《ミョンドン》

美のモトいっぱい
エチュードハウス

何といってもお菓子の家のようなガーリーな店内がお気に入りのコスメショップ。私のおすすめがいっぱい。
●ソウル市中区明洞２街31-7 ☎02・753・3771 ㊢10:00～23:00 ㊡旧盆・旧正月

陰陽五行の占い
エロス カフェ

ドリンクを頼んで占いの順番を待つシステムのカフェ。金正勲先生をご指名よ。
●ソウル市西大門区大峴洞56-77 ☎02·363·1810 ㊢11:00～23:00 無休 35歳以上15,000Wなど 日本語可

梨大《イデ》

値段も可愛い靴
ジニーキムハリウッド

ハリウッドセレブにも人気というセクシーでゴージャスな大人の靴がいっぱい。
●ソウル市江南区新沙洞647-9 ☎02·546·6467 ㊢11:00～21:00 ㊡日、旧盆・旧正月 www.jinnykimshoes.com

狎鴎亭洞《アプクジョンドン》

屋台のホットク
おいし～♥

屋台ならコレ! ❶

韓国観光広報名誉大使
に任命されました

즉석반찬

キムチがいっぱい
ロッテ百貨店のデパ地下

本場ならではのキムチがたくさん！　白菜を丸ごと漬け込んだポギキムチは5kg約2,5000Wなど。見るだけでも楽しい。
●ソウル市中区小公洞（2号線乙支路入口駅下車）　☎02・771・2500　㊖10:30〜20:00　不定休

屋台ならコレ！❷

ケランパンも
おいし〜♥

日本で買える
チマチョゴリのお店はここ!

この素敵なチマチョゴリはパランセさんで作っていただきました〜！

DATA

韓服名家・パランセ
東京都新宿区南元町4-15-501
☎03-3226-1110
http://homepage3.nifty.com/paranse-japan　（完全予約制）

ロッテ免税店ワールド店内
スターアベニュー

ロッテ百貨店に隣接するロッテ免税店ワールド店でお買い物したら、スターアベニューにも立ち寄ってね。なんと、私のメイクルームが再現されてます！
●☎02・411・0050　㊖10:00〜21:00　入場料10,000W　年中無休

IKKO流ソウルの宿の過ごし方

名門『ソウル新羅ホテル』。国内外問わず、VIP御用達の伝統と信頼があり、ホスピタリティの高さとサービスの質で人気を博しています。今回の取材で一行がお世話になったホテルでのIKKO流楽しみ方は?

コリアンスイート

床暖房のように暖かい、オンドルが敷いてあるスイートルーム。新羅ホテルの中でも特におすすめのお部屋です。伝統的な寝具やリビングの調度品は、何だか自宅で過ごしているようなリラックス感が。ちなみに寝具もベッドでなくお布団で、オンドルの温もりを満喫。

スタジオスイート

スタジオスイートはベッドルームと広いリビングルームに分かれています。バスルームにはシャワーブースが備えられ、アメニティは自然派のロクシタン。女心をつかむ新羅ホテルのお部屋でも、ゆっくり過ごして旅の疲れをリセット！　ホテルは高台に建つので、ソウルの街を見下ろせるお部屋からの眺めも最高です。

ソウル新羅ホテルの取材は2009年2月に行いました。

朝食ビュッフェ

朝からつい食べすぎてしまうほど、おいしいと評判の新羅ホテルの朝食。日・洋・中・韓・軽食のブースから好きな料理がチョイスできます。アジアンヌードル（写真左上）やできたてふわふわのパンケーキ（写真上）がおすすめ♥

チョコレートビュッフェ

新羅ホテル名物のチョコレートビュッフェ。デザートタイムには、パティシエ特製のチョコが楽しめます。混雑必至なのでお早めに。

DATA ソウル新羅ホテル

●ソウル市中区奨忠洞2街202　☎02・2233・3131　ツイン360,000W～（1泊2名利用、1室あたり　税・サ別）
http://www.shilla.net

お手上げ状態の肌の悩みは
信頼度の高い美容クリニックへ!

アヴェニュー
六本木クリニック

私自身、整形とかメスを使う治療はしない派なんだけど、“自分の努力ではどうにもならない悩み”を抱えて苦しんでいるなら、医学の力に頼るのも一つの手だと思うの。その代わり、クリニック選びは慎重に! アヴェニュークリニックのように、カウンセリングも丁寧で、選び抜いた質の高い薬剤や機材で治療をしてくれるところなら安心よね。クリニックぽくないリュクスな内装も好きよ〜。

DATA

●東京都港区六本木7-14-7 六本木トリニティビル5階 ☎0120-766-639 ㊟11:00〜20:00 無休 ●料金:例/メガビタミン点滴¥15,750 など

高濃度ビタミンCで
肌を内側から蘇らせるの

ウォブクリニック中目黒

ここは、お気に入りコスメの一つ、「アンプルール」の開発者でもある高瀬先生のクリニック。撮影やショーなど大切な日の前は、即効でハリや潤いを与えてくれる高濃度ビタミンC点滴をお願いしてるの。肌の内側によい栄養をもらってから、さらにお化粧品でケアすると、肌状態はバッチリ! 肌の内と外でよい相乗効果が生まれるのよ〜。

DATA

●東京都目黒区中目黒1-10-23 シティホームズ中目黒アネックス2階 ☎03-5768-9568 ㊟11:00〜21:00(クリニック診療時間〜19:00) ㊡木日 ●料金:例/高濃度ビタミンC点滴¥15,750 など

時間効率がよいから
忙しい人には特におすすめよ

六本木ヒルズ
けやきクリニック

世界中のエグゼクティブが集まる六本木っていうお土地柄かしら? このクリニックは、忙しい人にぴったりなセットのメニューがあって、岩盤浴カプセルに入りながら、美肌用の点滴を打ってもらえるの。施術中はリラックスして眠っていられるし、岩盤浴の代謝アップ効果も相まって肌はピカピカに! 短時間でリフレッシュするには最適よ。

DATA

●東京都港区六本木6-15-1 六本木ヒルズけやき坂テラス5階 ☎03-5410-5100 ㊟11:00〜20:00(受付〜19:30) ㊡日祝 ●料金:例/岩盤浴カプセル1回¥7,350、美肌・美白点滴¥9,450 など

―― 第7章 ――

ストレスはためない、引きずらない

旅と寝室
癒しの時間

温泉宿の落ち着いた空間がしっくりくるようになった今日この頃。
仕事で日本各地の温泉に泊まるようになって、
日本の田舎っていいなーとつくづく思います。
それで気づいたのが睡眠の環境の大切さ。私の寝室もご紹介します。

極上の休日は心のシェイプアップ

山形・葉山温泉での夏休み

8月のある日、久々にお休みがとれたので1泊2日で温泉へ。のんびりダラダラってことができない性分だけど、ここに来るだけで気持ちがリフレッシュできるから緑の中の温泉旅館って大好き。

清々しい木々の香りに包まれて！気持ちいい～

PM3:00

山形新幹線 かみのやま温泉駅下車、名月荘さんに到着！

山形近辺に仕事で来ることがあると、必ずお世話になっている温泉旅館が「名月荘」さんなの。つかず離れずの心遣いがなんとも心地いい宿なんですよ。

PM3:30

まずは持参の藍染の浴衣に着替えて、宿の中を散策よ

囲炉裏や薪の匂い。今の私には日本の田舎の雰囲気が癒しなの。緑の中の温泉旅館に来たら、あまり出歩かずにゆっくり。

非日常の時間が
流れる温泉宿。
風情あるわ～

名月荘さんのエントランスにある囲炉裏端で、かき氷をいただきまーす。やっぱりイチゴミルクよね！

いつもお世話になっている支配人の山口さん

祭
氷

訪れた日は夏祭りのしつらえが。うわぁ、玉こんにゃくおいしい！　スルメのゲソのダシが効いてるわ!!

PM5:00

空気がおいしいから
ウォーキングも
さらに楽しいわ

「さて、そろそろウォーキングに出かけようっと」

宿の周りの田舎道が定番コースよ。旅先でも日課のウォーキングは欠かさないわ！

「準備運動は大事よ～」

かかととかかとをくっつけるように一直線にして、ガニ股ストレッチ。意外と難しいのよ、やってみて！

うっわさを
しんじちゃ
いけないよ～

「気分がいいから踊っちゃおうかしら♪」

大好きな山本リンダさんの〝どうにもとまらない〟IKKO振り付けバージョン～。

「山の中の川って
冷たくて
気持ちいいのよね」

けっこう歩いたし
そろそろ
帰ろうかしら

PM6:00

「ただいま～。
お腹すいたわ、
また食べちゃお」

すっかり玉こんにゃくにはまってしまった♥　山形の枝豆もおいしいのよね。これは「湯あがり娘」という枝豆なんですって。風味豊かだわ。

見て見てー♥
濃い味の枝豆よ

宿のショップは必ずチェックチェック

よく買うのはお香ね。家や楽屋で必ずたくので。お土産にしても喜ばれるでしょ。あと、あの玉こんにゃく３箱くださーい。

あ、いい香り♥
白檀系が好み

PM7:00

じんわり温まる
葉山温泉の泉質。
あ〜まったり

お部屋の露天風呂でゆったり

ウォーキングの汗を流して、のんびりとお部屋にある露天風呂を楽しめるなんて、サイコウよね！

素敵な和室には書が似合うわよ

「IKKO WORLD美の扉」展のための書を仕上げなくちゃ。床の間の掛け軸やお花にインスピレーションを刺激されるわ。

「夕食は山形牛のすき焼きよ♡
お肉が絶品なの」

いつもお鍋かすき焼きをリクエストしています。名月荘さんはお料理がとってもおいしいお宿なんです。

そして、名月荘の
夜は更けゆく……

翌朝!
AM8:00

「旅館の楽しみの一つは
朝ごはんよねっ」

見た目の美しさも素晴らしい！　あっ　オプションで納豆つけてください！　朝からアゲアゲ気分で食欲モリモリ。

名月荘さん、
お世話に
なりました

DATA　名月荘

●山形県上山市葉山5-50　☎0120-72-0330　1泊2食付き¥30,600（1室2名1名料金）～　山形新幹線かみのやま温泉駅下車、タクシーで5分の葉山温泉地内

タイムスリップしたような
田舎のほっこりに癒されます

忘れの里 雅叙苑

[鹿児島 妙見温泉]

昔どこかで見た記憶が呼び覚まされる、懐かしさに満ちあふれた山里の温泉です。裏山から切り出した竹で作られたお箸と素敵な器で供されるお食事の食材はすべて地元のもの。とりどりの豊かな滋味をいただいて、昔の湯治場のようなノスタルジックなお風呂で炭酸成分たっぷりのお湯につかれば、日焼けもいとわなかった子供の頃のピュアな気持ちに回帰できそう。初めて訪れた人も、思わず「ただいま」って言葉が出てしまいますよ。

DATA

●鹿児島県霧島市牧園町宿窪田4230　☎0995-77-2114　●客室Aタイプ(2～3名)1名¥25,560～　客室Bタイプ(露天風呂・囲炉裏付き2～3名)1名¥32,910～(お部屋、日にちにより料金が異なります)

地元福岡の穴場よ

ホテル楠水閣

[福岡 脇田温泉]

脇田温泉は、元禄時代から続く温泉地で「福岡の奥座敷」と呼ばれています。大浴場のほか、男女それぞれ6種類ずつのバラエティーに富んだ演出の露天風呂があって、敷地内で湯めぐりが満喫できちゃう。季節感を大切に作られたお料理は、川のせせらぎを聞きながらお部屋でゆっくりいただけます。

DATA

●福岡県宮若市脇田507　☎0949-54-0123　●本館客室(3名平日)1名¥13,800～　別館客室(3名平日)1名¥19,050～(お部屋、日にち、プランにより料金が異なります)　露天風呂付き客室や日帰りプランもあります。

緑の中の宿が好き
美肌になれる"効く"温泉

有馬山叢 御所別墅

[兵庫 有馬温泉]

落ち着いたしつらえのお部屋は100㎡のスイートルームで全室離れ。温泉棟でゆったりつかるお湯は、鉄分たっぷりで美肌に"効く"の。短時間の入浴を繰り返すとさらに効果的だとか。地場の食材をふんだんに使い、素材の味を生かした料理は、体の中から美力を引き出してくれます。広大な土地は緑にあふれていて、ウォーキングスポットとしてもかなり魅力的。心身が解放されるこの空間すべてが、癒しのためのファシリティです。

DATA

●兵庫県神戸市北区有馬町958　☎078-904-0554
●2名1室利用1名￥53,000～（シーズン、お食事プラン、お部屋により料金が異なります）食事なしのプラン、日帰りプランもあります。

清潔感が心地いい

著莪の里　ゆめや

[新潟 岩室温泉]

四季折々の花が咲く庭園に囲まれた数寄屋造りのお宿。こちらは日本人が大切にはぐくんできた和の心でもてなしてくれます。畳の香りに包まれてお部屋でいただく懐石料理、総ひのきのお風呂…。隅々まで磨き上げられた室内で余計な音のない静寂に身を置くと、すっと心の澱《おり》が抜けていきます。

DATA

●新潟県新潟市西蒲区岩室温泉905-1　☎0256-82-5151　●平日1泊朝食付き1名￥21,000～（お部屋、日にちにより料金が異なります。夕食はコース選択の別料金となり基本のコースで￥10,500など）

極上の休日は心のシェイプアップ

IKKO流 ビューティ スリープのすすめ

愛の美眠部屋を大公開

Beauty Sleep

愛犬・ユウちゃんと一緒に夢の世界へ。ベッドは世界のホテル御用達のシーリーの高級スプリング。硬すぎず沈みすぎず、がこだわりポイント。

どんなに忙しくても、ちゃんと睡眠をとって体力をキープするのもプロの仕事だと気づいたのは、春先に体調を崩して入院し、ご迷惑をかけてしまったから。体力だけでなく、美肌を保つためにも「睡眠は美容液」と考えて、ビューティ スリープのための寝室を作りました。ベッドの質と感触、香り、温度と湿度、心地よく眠るための環境を整えることから始めて、夜12時までにベッドに入って最低6時間は睡眠をとるように心がけています。人生の3分の1は寝ているんですもの、そこでキレイを磨かなくちゃ、ね。

IKKO流 ビューティ スリープ 1

好きな香りと花に包まれて 女のパワーを充電よ!

家に帰ってまずは仕事で高ぶった神経を休ませないと、質のよい眠りは期待できません。就寝前の感情のリセットは、大好きなバニラと白檀のアロマオイルで。

コレクションしているゲランの香水瓶を額に入れたり、気持ちが優しくなるピンクのポプリを飾ったり、自然と目に入るインテリアに癒しを。

こだわりのビューティ スリープ空間の全貌!

ベッドの温度は人肌のぬくもり

ベッド内の温度を部屋の温度よりやや高めの33度くらいに、部屋の湿度を50%くらいに保ちます。低体温は女のパワーを下げてしまうので要注意です。

IKKO流 ビューティ スリープ 3

明かり、そして湿度へのこだわりが美肌を作るの

右／アンバーな明かりとシャンデリアの優美さでリラックス。左／室内の湿度を保つだけでなく、風邪の予防とのどのケアに加湿器は欠かせません。

IKKO流 ビューティ スリープ 2

ベッドサイドは大事! 一日の最後に目にし、朝一番に目に入るから。希望を与える工夫を!

ベッドサイドには美のインスピレーションを与えてくれる往年の女優、ジーン・ハーローの写真を飾って、美肌づくりをイメージ。

IKKO流 ビューティ スリープ 4

肌に触れる寝具は感触を重視

寝具は断然ピンク！ベッドカバーはさらっとした感触のもので。シーツは湿気をためない爽やかな素材をチョイス。色も重要な要素なのよ。

IKKO×MISS

1年間、愛を語った『MISS』での連載

市ヶ谷のMISS編集部にお邪魔しちゃった。活気があって忙しい仕事ぶりがうかがえるわ。そんな中でもお肌磨いてお洒落して、みんなエライわ〜。

連載をいただいていた『MISS』。08年はスパやエステなど美容の取材連載をやらせていただき、09年は「IKKO流 愛のある人生」と題して、さまざまな愛の形を語らせていただきました。皆さん、読んでくださっていたかしら。そんな中で編集部ともお近づきになり、前から興味のあった「編集会議」なるものに潜入したんです! 白熱したアイデアの応酬に、こうやって雑誌が作られてるのねーと、とっても面白かったわ。2年間連載を担当してくれた橋本亮子さん、ありがとうございました。これからもよろしくお願いしまーす!

毎回撮影には
気合いを入れて、
美しいポーズ

愛犬ユウにも
登場して
もらいました〜

MISS連載
IKKO流 愛のある人生

2009年1月〜

写真／岡部太郎（シグノ）

MISS編集部
の皆さんと
はいチーズ

私の右隣が内山編集長、
右奥が河田編集長代行、
前列一番左が橋本デスク
ほか編集部の方々。毎号
素晴らしいページを作っ
ていただいて感謝です！

第8章

コンプレックスは味方にできる

IKKO流 脱コン格言集

コンプレックスだらけだった私。
でもそのコンプレックスが今の私を作ってくれたことに気づきました。
そんな中で培ってきた私なりの人生訓を言葉にしてお届けします。
何かのきっかけや参考になればうれしいです。

脱コンの
スタートは外見
ゴールは心

脱コンは、自分磨きのスタートです。
メイクやファッション、シェイプアップなどの
外見から手をつけ始め、外見がいい方向に変わってきたら、
内面をどんどん磨いて心が素敵な人になりましょう。
それには、どんなときも笑顔で、挨拶がちゃんとできる、
ハツラツとした雰囲気と素直さ＝〝可愛げ〟が大事。
可愛げのある人は、たとえ失敗をしたとしても、
相手に「しょうがないわねぇ（苦笑）」という
一瞬の〝明るい空間〟を作ることができるんです。
外見の印象のよさに〝可愛げ〟が加わると、
相乗効果で、褒められる人へと進化します。
心を磨いて褒められる人になることは、
人に必要とされる人間になっていくということなのです。

まずは
自己分析が大切

コンプレックスで悩んでいるのは
あなただけではありません。
心と体、自分自身を取り巻く
環境のバランスがくずれるときに
トラウマとして生まれてしまうのが、コンプレックス。
でも、他人のせいにしていては何の解決にもなりません。
まず必要なのは、自分をよく知ることです。
自己分析ができれば、
理想の自分との違いが見えてきます。
その違いを少しずつでも埋めること。
ゆっくり、ゆっくり、
理想の自分へ近づけることから始めればいいのです。
トラウマに向かって恐れずに、
立ち向かっていくことが大切なのです。

環境が人を変える

「今、旬の人や運のいい人のそばにいなさい」と
言われたことがあります。
その意味とは、美しい人になるには、
〝いい表情〟を見せている人を
今までどれだけ目に焼き付けてきたかが鍵になる、
だから、旬の人や運のいい人を
身近で見るチャンスを持ちなさい、
ということだったのだと
最近分かるようになりました。
運がよいところに幸運が集まるもの。
自分を取り巻く環境が人生を変えることは
とてもよくあることなのです。

〝くよくよ〟は免疫力を下げる

コンプレックスを抱えている人に多いのが
「どうせ私は…」という口ぐせ。
この口ぐせは、今すぐやめて！
「どうせ」とくよくよしてしまったら、
決していい方向に考えが運びません。
だって、私がそうだったから。
くよくよ悩み続けた後、だいたい開き直って、
性格までブスになり、しかも、
免疫力まで落ちてしまいました。
開き直りからは何も生まれません。
脱コンの道のりは、あなただけに険しいのではなく、
私にも、ほかの人にも同じように長い道のり。
だから「どうせ」は、ナシにしましょうね。

人生いつも別れ道

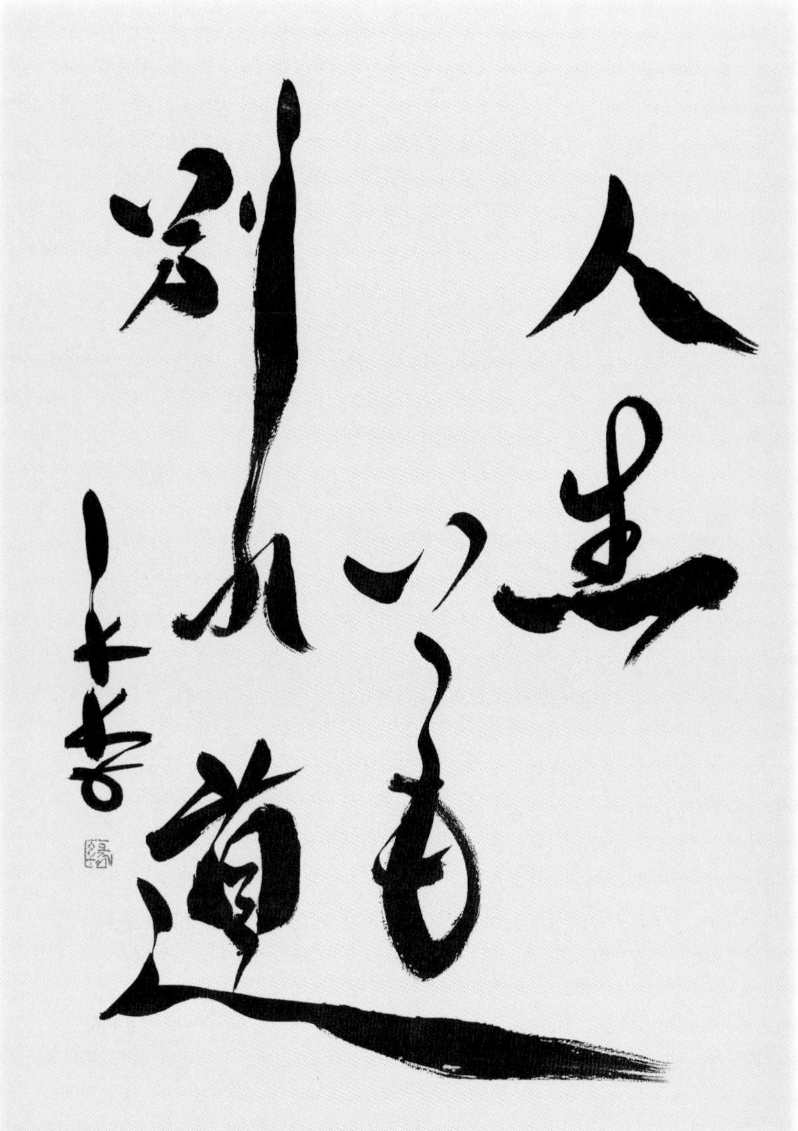

いつも明るく
太陽のように

長いトンネルに入っても迷わない、迷わない

コンプレックスの海に溺れ
孤独の底で、長いトンネルに入ってしまったときは、
一歩一歩、前に進むことだけを考えて！
もしもそのトンネルの中で迷い出したら
負のスパイラルに巻き込まれて
抜け出せる道も見えなくなってしまうでしょう。
そうならないよう、迷わずに、自分で自分を信じること。
そのトンネルが暗ければ暗いほど、
出口の光は明るく、
そして温かく、あなたを包んでくれるはずです。

笑顔、笑顔、はすべての人間関係のもと

笑顔は、太陽と同じ。
笑顔には、明るい〝幸せオーラ〟を
発する力が宿っているから。
なかなかコンプレックスから脱却できない…と、
もしつらくなったら、
挨拶をするとき、返事をするとき、
意識的に笑顔を添えてみて。
相手は絶対に悪い印象は持たないはず。
笑顔からプラスのスパイラルが始まり、
人間関係もスムーズになるものです。
そう、笑顔は脱コンのためのエネルギーです。

悩み事は人の答えに頼らない

私は、人に「どうしたらいいと思う？」
という相談はしないことにしています。
その答えに従っていい方向にいかなかったときに、
その人のせいにしたくなってしまうから。
でも、「どう思う？」とは聞いてみます。
なぜかというと、自分の思っていること、
考えていることの方向性を確認するのは大切だから。
人の意見は聞くけれど、人の答えには頼らない、
そうやって答えを出すようにしています。
自分の人生だもの、自分に責任を持つことが大事です。

“やめぐせ”に気をつけて

もうダメだ…とくじけそうになった瞬間に
やめてしまわないで、
あと少しだけ…、あと少しだけ頑張ってから
結論を出そう、と思い直してみて！
だって、あきらめはくせになるから。
私の日課であるシェイプアップのためのウォーキング、
今日はやめたい、と思ったとき、
5分だけやってみようと言い聞かせます。
やりだすと気持ちよくなって
結局できてしまうことがよくあります。
前向きになると状況が変わることもある。
もうちょっとだけ頑張る気持ちがプラスに転じるの。

涙は身体の
一部
めげないめげない

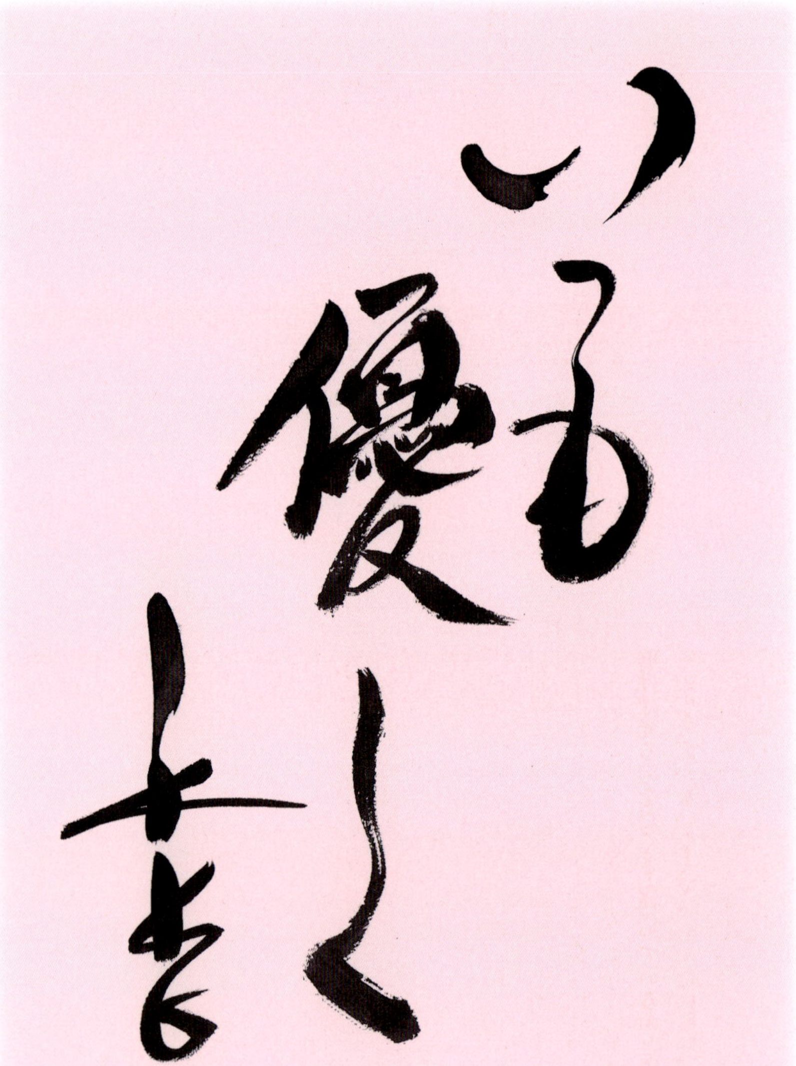
心も優しく

自分を愛すること

脱コンの根幹は、自分を愛することです。
自分が自分を愛していないのに、
他人がどうしてあなたを愛してくれるでしょうか？
長い間、私は自分を愛せなかった…。
でも自分に向き合って、自分を可愛がり、
自分を磨けば磨くほど
人からも愛されるようになった気がします。
自分磨きは、明るく美しい〝幸せオーラ〟の磨き方。
自分を愛せるようになれば、
周囲からも自然と褒められ、愛され、
自分を必要としてくれる優しい空間が
出来上がってくるはずなのです。

コンプレックスは宝

コンプレックスだらけだと悲観する必要はありません。
自己を高められるチャンスが多いと思えばいいのです。
私の人生は、コンプレックスだらけだった…でも、
そんな人生だったからこそ、
今の私がいると思っています。
私が一つコンプレックスを乗り越えるには
誰にも負けないくらいの努力が必要だったけど、
脱コンのたびに、必ず大きな喜びが待っていました。
だから、コンプレックスがたくさんあるということは
磨けば光る宝をたくさん持っているのと同じこと。
その宝を磨かないなんて、もったいない。
コンプレックスを宝に変える力は
あなたにも必ずあるはずよ。
だからみんな一緒に脱コン、頑張ろうね！

おわりに

『脱・コンプレックス』を最後まで読んでいただき、ありがとうございました。
日々自分をとりまく人生の中で、苦しかったりつらかったり、
コンプレックスになることがたくさんありますが、
振り返ってみるとそれはみんな人生の糧になってるんだな、と感じます。
コンプレックスは次のステップのために乗り越えなくてはならないこと。
それを乗り越えるために自分を磨いたら、気がつくとワンランク上の自分になっている。
自分に自分で光を射していこう、そんなふうに考えたら
次に生まれるときもIKKOのままで生まれたいと思えるようになりました。
この本を通じて、あなたの明日が少しでも明るいものになれば幸いです。
私の脱コンは“極上”を教えてくださる諸先輩方、
応援してくださる多くのファンの皆さま、化粧品会社の方々、
そして、いつも支えてくれているスタッフの協力あってこそ。
この場を借り、敬意を込めて心より感謝申し上げます。
最後にこの本を作るにあたって尽力してくれた編集部の古谷尚子さん、
ありがとうございました。
これからも一つ一つを大事に、一歩一歩踏みしめながら
生きていきたいと思います。

愛を込めて　IKKO

お問い合わせ先リスト

●あ

RMK Division	0120-988-271
IDC大塚家具　ポルトローナ・フラウ日本橋	03-5203-4321
アクセーヌ	0120-120-783
アズマ商事	0120-58-1177
アンプルール お客様窓口	0120-987076
EASE　PARIS	03-5759-8267
イヴ・サンローラン・ボーテ	0120-006-912
井田ラボラトリーズ	03-3260-0671
imac	03-3409-8271
エスティ ローダー	03-5251-3386
エレガンス コスメティックス	0120-766-995
大塚製薬（インナーシグナル）お客様相談窓口	03-3293-3212

●か

カバーマーク　カスタマーセンター	0120-117133
クオレ	0120-769-009
クチュール	0120-546-738
クラシエホームプロダクツ お客様センター	03-5446-3210
クリニーク ラボラトリーズ	03-5251-3541
ケサランパサラン　カスタマーセンター	0120-187178
ゲラン	0120-140-677
コージー本舗	03-3842-0226

●さ

ザ・ボディショップ	03-5215-6160
サンタ・マリア・ノヴェッラ銀座	03-3572-2694
サンパック	06-6369-5681
シスレージャパン	03-5771-6217
資生堂インターナショナルお客さま窓口	0120-81-4710
時代布 時代衣裳 池田	03-3445-1269
下鳥養蜂園	0120-11-8383
シャンティ	03-5212-3761
シュウ ウエムラ	03-6911-8560
スカヴィア本店 帝国ホテルプラザ内	03-3593-5211
スワロフスキー・ジャパン カスタマー・リレーションズ	0120-10-8700
関芳	025-752-3131

●た・な

タダシインターナショナル	03-5413-3278
ディー・アップ	03-3479-8031
ＤＨＣ	0120-333-906
てっさい堂	075-531-2829
ドレスキャンプ	03-3423-0824
NARS　JAPAN	0120-356-686

●は

バイソン お客様相談室	06-6963-6351
バックグラウンズ ファクトリー	03-3448-9019
パルファム ジバンシイ	03-3264-3941
ブイエムシー	0120-039-803
ブルジョワ	0120-791-017
フレグラントアースワールド	0120-13-6059
ポーラお客さま相談室	0120-117111
ボビイ ブラウン	03-5251-3485

●ま・や・ら

M・A・C（メイクアップ アート コスメティックス）	03-5251-3541
マックス ファクター	0120-021325
三善	0120-06-3244
ミレナーズブティック・ジャパン	03-5775-3313
遊気創健美倶楽部 お客様サポートセンター	0120-89-7776
ラ・プレリー	0120-223-887
ランコム	03-6911-8151
ル・タブリエ	0797-31-4079
ロイヤル チエ サンローゼ赤坂店	03-3261-6110

STAFF

撮影	富田眞光（vale） ／表紙カバー　P.1～37　45～59　64～67　74～75　99 小斎嘉秀（vale）／P.46～47 宮崎貢司／P.78～81　88～98　100～101　104～109　111～113 田中雅／P.52～55 八田政玄／P.60～61　86 岡田ナツ子（小社写真部）
アートディレクション	稲垣絹子（Jupe design）
デザイン	越後　恵（Jupe design）
スタイリスト・着付け	金子美恵子（IKKOさん）　小田桐はるみ（きもの江木デザイン事務所） 西村眞澄（静物ほか）
撮影協力	山縣亮介　高場佑子（メイク）　鷹部麻理（ヘア） ㈱ユピテル　高橋節子　細根克也
編集協力	松井美千代　米田桃子　長田和歌子　中島敦子　池上千恵　金智榮
校正	杉山弘子
編集	古谷尚子（CULTURE編集部）

IKKO流 美のゴールデンルール

脱・コンプレックス

2009年　11月1日　初版第1刷発行

著者　IKKO
発行者　内田吉昭
発行　株式会社世界文化社
〒102-8187　東京都千代田区九段北4-2-29
☎03-3262-5118（編集部）
☎03-3262-5115（販売部）
印刷／凸版印刷株式会社
製本／株式会社大観社

ISBN978-4-418-09421-9

本書の内容に関するお問い合わせ・ご意見は、
㈱世界文化社　CULTURE編集部
〒102-8187
東京都千代田区九段北4-2-29
☎03-3262-5118　までお願いいたします。